高校预算管理模式创新研究

邱向英　著

中国纺织出版社有限公司

内 容 提 要

高校实施业财融合是未来发展的新趋势，高校开展财务管理不仅仅是将财务数据进行整合，将财务预算管理工作全面融入学生培养、教师建设、学科发展、资产管理、创新创业等业务领域，并从预算编制、预算执行、绩效评价、项目库管理等方面，进一步整合高校业务与财务资源，从而实现业财双向互动的管理活动，最终提升高校教育效能。高校预算管理不仅要求高校财务发挥监管职能，而且要对高校发展发挥推动作用。《高校预算管理模式创新研究》探讨高校预算管理模式的创新研究，以实际情况作切入点，并以相关高校作为案例研究对象，希望通过研究为高校预算管理提供借鉴意义。

图书在版编目（CIP）数据

高校预算管理模式创新研究 / 邱向英著. -- 北京：中国纺织出版社有限公司, 2021.7

ISBN 978-7-5180-8748-8

Ⅰ. ①高… Ⅱ. ①邱… Ⅲ. ①高等学校—预算管理—管理模式—研究 Ⅳ. ①G647.5

中国版本图书馆CIP数据核字（2021）第154743号

策划编辑：史　岩　　责任编辑：陈　芳

责任校对：高　涵　　责任印制：储志伟

中国纺织出版社有限公司出版发行

地址：北京市朝阳区百子湾东里 A407 号楼　邮政编码：100124

销售电话：010—67004422　传真：010—87155801

http：//www.c-textilep.com

中国纺织出版社天猫旗舰店

官方微博 http://weibo.com/2119887771

三河市宏盛印务有限公司印刷　各地新华书店经销

2021 年 7 月第 1 版第 1 次印刷

开本：710 × 1000　1/16　印张：9.5

字数：200 千字　定价：68.00 元

前言 / PREFACE

党的十九大报告提出要“加快一流大学和一流学科建设，实现高等教育内涵式发展”，这标志着我国高等教育发展进入了“由大到强”的新阶段。在高校发展过程中，预算管理作为高校进行财务管理活动的事前控制环节发挥着重要作用。但目前我国高等院校在财务预算管理方面还存在预算编制与学校战略发展匹配度不高、业财融合度不高、预算管理制度不完善、业财工作目标不一致等问题，降低了资金的使用效益，制约了高校办学质量的提升。业财融合有利于高校财务预算管理发挥其在实现高校战略目标方面的重大作用，因此，基于业财融合视角对高校财务预算管理进行研究具有现实意义。

高校实施业财融合是未来发展的新趋势，高校的财务管理不仅仅是整合财务数据，将财务预算管理工作全面融入学生培养、教师建设、学科发展、资产管理、创新创业等业务领域，还应从预算编制、预算执行、绩效评价、项目库管理等方面进一步整合业务资源与财务资源，从而实现业财双向互动的管理活动，最终提升高校教育效能，助推高校内涵式发展。业财融合视角下不仅要求高校财务发挥监管职能，而且对高校内部的合作性提出了更高的要求。本书基于业财融合视角，探讨高校预算管理模式的创新，并以相关高校作为案例进行分析，希望通过此研究为高校预算管理提供借鉴。

邱向英

2021.6

目录/CONTENTS

第一章　导论

第一节　研究背景

改革开放以来，随着我国高等教育深化体制改革，高校逐步面向市场，1997 年原国家教委、财政部联合颁发《高等学校财务制度》，确立了我国高校独立办学的法人地位，一改由政府高度集中管理的模式转由面向社会的自主办学模式。

高等教育是在完成中等教育基础上进行的专业教育和职业教育，是培养高级专业人才和职业人员的主要社会活动。高等教育是教育系统中互相关联的各个重要组成部分之一。它通常包括以高层次的学习与培养、教学、研究和社会服务为其主要任务和活动的各类教育机构。20 世纪后半叶是高等教育发展史上不寻常的扩展和质变的阶段，社会对高级专业人才需求的迅速增长以及个人对接受高等教育就学机会的迫切需要，使得高等教育以前所未有的速度发展，从精英教育走向大众化教育。

中国高等教育在经过大规模扩招以后，已进入一个比较稳定且更加有序的发展阶段，这对于高等教育的协调健康发展是非常有利的。智研咨询发布的《2020~2026 年中国高等学校行业市场现状分析及投资前景预测报告》显示：2019 年中国各类高等教育在学总规模 4002 万人，高等教育毛入学率为 51.6%。全国共有普通高等学校 2688 所（含独立学院 257 所），比上年增加 25 所，增长 0.94%。其中，本科院校 1265 所，比上年增加 20 所；高职（专科）院校 1423 所，比上年增加 5 所。全国共有成人高等学校 268 所，比上年减少 9 所；研究生培养机构 828 个，其中，普通高等学校 593 个，科研机构 235 个。普通高等学校校均规模 11260 人，其中，本科院校 15179 人，高职（专科）院校 7776 人。

教育经费的来源由单一的政府渠道走向多元化融资，高校经费来源除财政性拨款以外，高等学校社会团体和公民个人办学经费、社会捐（集）资经费、事业收入（包括学杂费）以及其他自筹经费在内非财政性经费都有所增长。截至 2019 年，全国教育经费总投入首次超过 5 万亿元，国家财政性教育经费首次超过 4 万亿元。

财务管理是我国高校持续健康发展的重要一环，而财务预算管理又是其核心。20 世纪 90 年代以来，我国已经成功地实行了预算管理控制，这一方法在高校中得以广泛应用并加以推广。我国预算管理改革的步伐一直都未停止，预算管理实现了由单一国拨经费支出预算、校级综合财务预算向涵盖学校除基建、产业外全部资金收支的综合财务预算的过渡，成为新中国成立以来高校财务制度最深刻的变革。包括《高等学校财务制度》《预算法》《事业单位财务规则》在内的一系列的法律规章制度明确要求预算内外资金必须由其财务部门统一核算、统一管理，实行预算内外资金综合运用。然而，我国高校目前的财务预算制度仍然存在着一些弊端，如高校财务预算在管理上体制不健全，往往“重核算、轻管理”“重决算，轻预算”“重预算编制，轻预算执行、监督和控制”。

高校财务预算管理观念淡薄，预算的编制缺乏科学性和完整性，预算的执行力不足，缺乏强有力的内在激励机制等。由此引发的教育资源无法满足高等教育建设发展需要，造成资源浪费、闲置、重复购置的现象也时有发生，严重地束缚了我国高等教育的健康发展。

第二节　研究意义

高校需要在相关政策与方针支持下开展一系列教育工作，在整体发展过程中，无论是教学工作，还是其他工作都会涉及许多财务问题。信息化的发展促进了业财融合的产生，高校业财融合将有助于推动传统的财务核算职能向管理职能的转变，充分提升财务管理效率，为学校决策提供可靠的支持。

研究意义主要表现在以下方面：

①在借鉴他人研究成果的基础上，提出适合高校发展的财务管理流程，并从三大层面总结出流程优化的路径以确保其能顺利运行，对其他高校的财务管理流程优化提供新思路，以及借鉴和参考。

②有助于实现高校信息的高度共享。数据信息不再仅局限于某个部门使用，通过业务和财务的融合，将数据资源共享于各个部门之间，打破信息孤岛，使日

常业务更有效率。

③有助于优化学校资源配置。实施财务和业务的有机融合，优化高校财务管理流程，同时也是对传统财务职能的改革，以利于提升高校财务管理效率，促进学校资源的最优化配置。

第三节 研究综述

一、国外研究

“预算管理”，最早产生于英国，在美国得到推广和发展。预算管理的概念最初应用在行政公共管理领域，旨在对政府经费的控制，始于政府部门对其公共管理费用的控制。后来，预算管理的应用逐渐从行政经费控制延伸到大企业管理的领域中。

公元 1215 年，英国颁布实施《大宪章》明确规定“英皇未获得议会许可不得征税”。这是预算理念第一次进入社会大众视野，开始被大众所熟知。20 世纪 20 年代初期，美国颁布并实施了《预算与会计法案》。这一法案的面世进一步扩大了预算控制理念的社会影响。1922 年，美国学者《预算控制》一书出版发行，它标志着预算管理在企业管理领域形成了理论雏形。《预算控制》首次从控制视角对企业的预算管理理论和方法论进行了论述。

国外学者对政府及高校等公共部门展开预算管理改革的系统研究，提出预算绩效管理能够提高资金分配和使用效率，预算管理还能促进组织优化内部控制管理手段和提高整体内控水平。卡尔·R·博尔吉亚、伦道夫 S . 科耶纳（Carl R. Borgia，Randolph S.Coyner，1995）选取了美国 1972～1996 年一定数量的综合性大学的预算展开系统研究，深入分析了这些大学陆续开展预算绩效改革的手段、范围和成果。他们的研究结果表明，开展绩效预算对美国的大学高校具有深远意义，建议美国高校应该尽快展开预算改革，提出要从传统的增量预算转变为预算绩效管理，以提高政府预算资金的使用效率，从而推动高校财务资金的配置。史蒂文 A. 弗林克尔（Steven A. Finkler，2004）在其著作《财务管理——公共、医疗卫生和非营利机构组织》中，阐明其将预算作为一种管理控制手段的理念观点。他认为，预算是对资金的分配和安排，预算能够帮助组织将有限的经费资源相对合理地分配到事业发展的无尽需求中。预算不仅具有计划功能，是一种计划的手段，还具有管理控制功能。范·赫尔登.G·J·诺斯科特.D（Van Helden G.J.Northcott D.,2010）从管理会计的研究视角出发，提出将管理会计理念与公共部门预算结合的研究思路，并利用政府及高校等公共部门的预算公开资料进行了实证性分析和相关性研究。他们的研究结果表明，管理会计理论与实践相结合能够深度促进公共部门预算的研究。巴特尔（Naren Manadula，2010）对高校开展预算改革的情况进行了研究，提出高校应该开展预算管理改革，进行更加全面的预算管理。他指出，为了巩固预算改革的成果，各高校在推陈出新的同时也应当加大力度，提升与新预算管理模式相匹配对应的内部控制管理手段。

随着对预算管理改革的研究深入，一些学者的研究更加细致，从预算管理的编制、执行、监督、评价等环节入手，强调预算目标的重要性和预算管理方法和工具的选取，以预算管理环节局部的优化促进整体管理水平的提升。鲍尔（Ball，2011）着重于预算分配的研究，选取控制变量法展开了关于高校长期预算与短期预算在编制环节相关性和一致性的研究。他们认为，高等院校在预算编制过程中应当考虑预算的期间和预算项目的长短时效，提出了平衡长短期预算的滚动预算编制方法。彼得·劳施（Peter Rausch，2013）选取了企业集团预算和政府公共部门预算的具体案例，从预算分配的角度进行研究，他认为，不管是政府公共部门还是集团企业，其组织内部部门机构之间对各类资源分配的有效程度和分配过程中的沟通协调水平都深刻影响整体的预算管理水平。他提出，无论是什么组织形式，组织内部机构之间都需以预算总体目标为统领和基础，各方要在充分沟通的前提下基于预算总体目标进行本部门的预算细化，任何预算管理内部行为都不能脱离预算总体目标。麦吉娜、里佐（Macinatia，Rizzo，2014）认为大学高校的战略目标应该成为其预算编制中最重要的编制指引，编制预算方案应充分考虑高校发展目标符合高校发展愿景，充分发挥预算管理的激励作用。萨卡尔、侯赛因、拉赫曼（Sarkar，Hossain，Rahman，2014）对孟加拉国高校的预算管理进行研究，发现孟加拉国高校的预算管理水平对高校自身发展规模存在一定的制约影响。他们指出，孟加拉国高校预算管理问题主要体现在二级预算分配不均衡和缺乏有效的预算执行政策指引。研究认为孟加拉国公立大学除了从政府财政拨款取得预算收入，还应该从大学内部及其他外部途径获取更多资金，故建议加强对孟加拉国公立大学预算编制和预算执行的监管。布拉蒂、奈特、内勒（Bratti，Knight，Naylor，2004）通过统计分析的方法分析了英国高等院校的绩效预算评价指标，并根据实际工作中表现出的问题，提出在确定评价指标的权重时，可以利用调查法询问相关专家意见，这样在评价时结果才更准确、更具有实际意义。凯利（Kelly，2006）研究了各地政府的预算绩效管理工作实践情况，认为政府部门不论规模大小，通过对工作状况进行绩效评价并将预算执行结果同步公开，可以提高政府部门的预算绩效能力。他们提出，绩效评价指标体系的建立以及评价标准、评价方法的使用，能够促进政府部门的预算决策，保证合理的政府预算范围，防止预算膨胀。

二、国内研究

预算管理是企业、事业单位财务管理中重要的组成部分，其是否规范、可行直接关系到财务资源的配置效率。近年来，国内学者主要是从以下几个方面展开了相关研究。

（一）预算管理理念

潘爱香（2001）认为预算管理就是要在事前对资金流和业务流进行规划，并根据权责范围将其落实到相应的责任人，从而实现权责利三者的统一，因此，预算至少应涵盖业务预算和财务预算两部分内容。但是，谢志华（2004）提出在实务工作中，一个有效的预算管理体系不仅要依据功能或项目编制，还要考虑企业的组织结构，只有这样，预算才能体现出“企业内部的权责利结构”，才能发挥应有的计划与控制的作用。不同学者对预算起点和内容的界定并没有给出统一的说法，理论研究显得十分分散。此外，于增彪（2004）指出我国企业预算实务工作中面临的主要问题是预算与战略、激励机制、作为预算动因的非财务指标相互脱节，预算流于形式。也就是说，企业尚未树立正确的预算管理理念，仍然只是为了预算而预算，失去了将其作为协助企业管理控制手段的意义。

近年来，随着预算法的改革推进，学者们对预算管理理念的研究也不断发展进步，包晓岚（2009）和谢巧丽（2019）认为预算是组织战略“着陆”的形式和工具，战略到预算是一个“渐降”的过程，战略目标决定组织的预算目标，因此，预算管理要站在战略高度，做好资产资源配置工作。闫华红、毕飞（2015）提出了围绕大数据管理中心，结合平衡计分卡四个维度从制定战略目标到预算编制、预算执行、预算评价及预算调整等整个闭环的全面预算系统构架思路。因为，战略是预算制定和预算执行的前提与方向（徐勇，2018），要建立战略导向的非营利性组织预算体系，起点和核心就是要确立正确的体现战略意图的预算目标。总之，预算管理本质上是一种有效的控制工具，用来控制战略目标和年度任务妥善落地（武龙，2019）。

（二）预算编制

张兰萍、李红霞（2016）和刘天琦（2016）指出预算编制是否完整、合理、科学会影响预算管理的有效实施，如果没有一个完善的预算编制制度及标准，各部门上报的预算数据不够科学合理，也会导致后续的执行控制和绩效评价无法顺利进行。王海涛（2014）总结了现有预算编制问题的表现，他认为预算编制不准确，影响了预算管理的严肃性。一方面，收入预算倾向于保守，对超收收入安排也较为自由；另一方面，对支出的预算没有细化到实际支出项目，十分模糊，预算成为一种摆设。

基于此，许多学者开始寻求解决问题的出路，池国华、邹威（2015）认为企业应根据预算内容、特征等的不同，灵活选用滚动预算法、零基预算法或作业成本法等方法编制预算。叶剑（2017）、李秋实和蒋瑛（2019）都指出在编制预算之前，应完成本单位的三至五年发展战略规划，力求将年度预算与发展规划相衔接，做好经常性预算与建设性预算、短期计划和长期目标之间的平衡。邢振明和盛贤鑫（2019）提出要坚持自下而上的路线，各部门共同参与预算编制，避免出现财权、事权互相脱离的现象。

（三）预算执行

韩楠（2018）指出目前事业单位在预算执行过程中，擅自在项目支出中列支人员工资或公共经费，挤占挪用项目资金问题严重，且缺少必要的预算执行考核机制，无法调动事业单位各业务处室及全体工作人员参与预算管理的积极性。陈秋红（2018）也站在我国事业单位的视角提出目前普遍存在的预算松弛现象造成了财政资金的错配和浪费。

现有对预算执行的研究主要集中在预算松弛的成因和对策上。潘飞、程明（2007）对上市公司预算松弛的影响因素及其对公司业绩的影响进行了实证研究。他们发现，信息不对称程度和政府的行政干预手段是我国上市公司预算松弛的重要影响因素，此外，他们认为严谨的预算目标有利于提高企业绩效，实现有效的激励作用。然而，这种“激励”并未带来企业实际价值的真正提高，只是导致经理人更为严重地操纵企业的盈余水平。所以，这也说明，在企业制定预算的过程中，不仅要注意预算指标的可控性，还需要考虑预算指标的可操纵性。张朝宓等人（2004）认为信息对称性、真实导向的薪酬计划两个因素对预算松弛都有抑制作用，其中信息的对称性对预算松弛的影响最显著。王斌、潘爱香（2009）认为要解决预算松弛，不能局限于设计诱导行为的绩效评价激励机制等传统办法，而应考虑从编制技术上寻求突破，如借助于 IT 技术背景，也许能够有效减轻预算宽裕问题。

此外，刘浩、许楠和时淑慧（2015）从内部控制的角度对预算执行展开了研究，他们收集了 A 股中 899 家样本公司的收入预算数据，通过一系列的实证分析得出：内控好的企业，预算的执行效果更好（执行偏差小、达标率高），但更容易发生预算松弛的结论，他们认为较为确定的外部经营环境可以削弱上述内控与预算松弛的关系，因为，松弛的预算是为应对外部不确定因素而制定的一种防御措施（沈青青等，2019）。

（四）预算考核与评价

所谓的预算绩效考核与评价指的是对预算执行效果进行考核与评价，目的是提高预算资金的使用效率，保证预算收支的公正公开，并确保预算制度真正得到落实（程国琴，2018）。预算改革作为推进国家治理能力现代化进程的重要一环，在其推进过程中，必须重塑绩效考评与问责机制，使绩效考评与问责机制长效性地存在于财政预算的整体性流程中（詹国辉等，2017）。

然而，邓传洲和程新生等人（2008）提出基于预算的事后考核刚性越强，预算副作用越大的观点，随后通过问卷调查和一系列分析证明了这一观点，也得出了这些副作用可以通过建立明晰、科学的绩效评价制度来降低的结论。因此他们认为，企业应优化预算考核环境，营造良好的预算氛围，以建立合理有效的预算绩效评价体系。叶建芳等人（2014）也实证考察了我国上市公司的预算绩效考评功能，推导出国有企业高管更具备操纵预算执行进度的动机，以规避预算绩效考核所导致的经济后果，因此，他们认为在制定预算目标时，政府应更多地考虑预算的计划、协调、资源配置、控制等功能，弱化预算的绩效考评功能。随后，刘凌冰等人（2016）修正和补充了上述结论，他们通过理论分析和实证研究发现预算文化、预算考核和预算人员专业能力是促进预算沟通的重要因素，并证实了预算考核对预算效果具有直接和间接的正向影响。

总而言之，考评是预算管理的生命线，它保证了预算的严肃性、确保了发展方向的正确性，是预算管理流程中承上启下的重要一环。因此，为了科学引导高校的预算方向、合理配置预算资金并产出更多的经济效益和社会效益，高校应建立完善宽裕合理的预算绩效考核评价指标体系（王海妮，2019）。

（五）高校预算管理研究现状

随着预算管理改革的深化，对高校预算管理的要求不断提高，传统预算管理存在的问题已逐渐显现，国内许多学者对我国高校预算管理现状进行了研究。

许江波（2011）通过发放调查问卷，对中国高校预算管理的现状进行了分析，他认为目前中国高校预算存在校内预算与部门预算脱节、预算执行的软约束和欠缺对预算执行情况进行绩效评价等问题并提出了对改进的思考。方永刚（2010）认为当前我国高校预算缺乏长期规划，且各学院的创收往往没有在高校预算中体现，支出的资金没有明细科目也使得预算编制不够全面。吴海鹏、张雪芹（2011）和杜彧（2019）认为我国高校尚未树立正确的预算管理理念，预算管理缺乏战略导向，预算编制方法不够科学使得预算执行约束力不强。徐勇（2018）指出目前高校普遍存在相互模仿、方案出台快、调整多、短期化等问题，战略目标左右摇摆，资源重复投入，资源浪费情况十分严重，影响预算的有效性。陈萍（2010）、孙培清（2015）、孙玲、王涛（2018）等人认为目前许多高校预算编制缺乏科学性，提出可以按项目的轻重缓急实行滚动预算的想法。毛建荣、彭松波（2018）指出，由于存在信息不对称、代理问题和逆向选择等因素，我国高校预算松弛现象十分突出。袁晋芳、何毅（2017）认为预算松弛的存在，限制了预算作用的发挥，已经构成了高校预算控制中难以解决的一个主要问题。他们通过实证分析得出了高校预算执行松弛与教育经费拨款收入显著正相关，而与组织规模显著负相关的结论。

李现宗等人（2012）指出我国高校预算模式属于依附型预算，他们认为这种预算只能称为“上报预算”，缺乏刚性和可操作性，没有体现高校内部各预算单位的权责关系，存在许多弊端，并认为当务之急是转型为自主发展型的预算管理。杨志红（2014）也提出了依附型预算管理模式弊端明显的观点，他认为依附型预算缺乏现实独立自主性，既不符合我国高等院校的资金使用的现状，又与高校独立自主办学、科学民主管理以及相对独立的经济运行规律相悖。但乔春华（2013）认为高校的资金来源主要是财政资金，所以依存于财政资金，不能脱离这种关系去寻求转型，在他看来，高校预算的自主权是有限的，不受政府管控的自主权是有害的。此外，他还认为，“上报预算”与“管理用预算”并不冲突，因为国有企业也需要上报、审核预算，这是由财政资金的性质所决定的。

尽管高校经费支出每年都在增长，许多高校仍然存在经费短缺的问题，因而提高预算管理水平、实现资源优化配置十分必要，彭秋莲、杨运东（2016）认为我国高校预算管理缺乏完善的绩效评价体系，提出采用平衡计分卡与关键绩效指标结合的方法设计一套绩效评价指标体系的想法。龙辰辰（2018）通过定性和定量的研究方法构建了高校预算绩效评价指标体系，对高校预算管理进行评价和反馈，优化高校资源配置。汪建华（2010）认为对于政府的教育投资项目来说，教育投资绩效首先应当体现其社会效益。此外，随着信息技术的蓬勃发展，许多学者开始从信息化的角度研究预算管理问题。冯文轶、林爱梅（2016）从多个角度分析了大数据背景下云会计对高校全面预算管理的影响，并搭建了高校全面预算管理框架，他们认为基于云会计的高校全面预算管理体系以大量宏观与微观数据为基础，有先进的数据分析技术作为保障，其结果必定更加准确、合理与科学。章雯华（2017）也指出由于目前许多高校的内部控制存在缺陷，导致预算管理、资产管理等方面出现问题，她认为可以通过结合云计算和大数据并树立 IT 治理理念的手段，提高信息化下的内部控制水平，进而弥补现有高校预算管理等方面的不足。

此外，田华静（2014）从大学治理的角度出发，指出高校财务部门要建立起内部、外部的监督机制，成立预算咨询委员会和预算监督考核机构，对预算执行情况实施考核。她认为追踪问效和失误问责同等重要，需相互衔接配套，预算工作才能更科学合理。

三、文献述评

综上所述，国内外学者对预算管理进行了广泛的研究，形成了十分丰富的研究成果。但通过梳理这些文献，仍然可以发现其中存在一些局限性。就研究角度而言，从已有文献中可以看到，国内外对预算管理的研究较多侧重于某一方面，更关注预算编制、预算执行和预算绩效考核与评价这些预算管理流程，对于整体预算管理的研究相对较少，而预算管理作为一个综合管理体系，单独研究某一领域略显片面。就研究深入性而言，一方面，尽管国内外都明确了预算考评的重要性，但多数研究还停留在考评指标构建原则等纲领性话题上，尚未形成完整的考评体系，指标的设计依旧存在难以量化、笼统分散的问题。另一方面，现有的研究成果大都侧重于预算基础理论方面的研究，对如何解决高校实际预算工作中存在的问题方面还有待深入。此外，现有研究多是基于预算参与者都是理性的假设，忽视了预算管理中复杂的行为动因、过程及后果，使研究结论的现实适用性大打折扣。

基于以上分析，本文认为，预算作为一个以战略为核心，结合先进的信息技术，全面、透明、动态的综合管理体系，需要我们对其进行全面、深入的研究。以高校为研究对象还应立足我国国情，结合高等教育改革等背景，以调查、分析为手段，对高校预算管理进行研究，以求为我国高校预算实践提供参考，切实解决我国高校预算管理当前存在的特定问题。

第二章　相关理论概述

第一节　预算管理概述

一、预算管理的概念

（一）全面预算的基本概念

全面预算：是在未来某一特定期间，以实现企业战略为目标，将收益计划、资金安排等按企业经济活动内容及相互关系有序排列，组成的有机整体。涵盖企业生产经营活动的各个方面，包括经营预算、投资预算、融资预算、财务预算四个模块。全面预算的“全”包含了三层含义：全口径、全过程、全范围。全口径，指企业一切经济和业务活动都要纳入预算中来，服从于全面预算管理。全过程，指预算管理不仅包括预算的编制与下达，更要通过预算的执行、分析、考核，真正发挥其对经营活动的指导作用。全范围，指预算的目标层层分解，各个关键岗位和各层级相关工作人员都要参与其中。

（二）全面预算管理的概念

全面预算管理是企业的战略工具，是一整套的企业内部控制办法。是以全面预算为基础的动态资源配置观，一种行之有效的组织规划工具，也是一种集系统化、战略化、开放式、人本主义为一体的现代企业管理体系。全面预算管理具有战略性、全面性、程序性、适应性的特点。能够将企业运行中的关键问题有效整合在同一个理论体系中，在管理中发挥战略规划、沟通协调、约束控制、考核激励的作用。全面预算的顺利实施必须依赖于领导的支持认可、完善的组织架构、扎实的基础工作、配套的培训激励，以及 ERP 的技术保障。

（三）预算管理的发展历程

1. 预算管理在西方国家的发展历程

财政（Department of Treasury）是以国家为主体的经济行为，是国家为了实现其职能，对社会资源进行分配和再分配的活动，是国家调控社会经济运行、确保国家赖以存在的基本手段。

预算管理是为了规范国家财政收支而出现的，随着资本主义的发展而发展。近代预算制度产生于英国，在美国发展，从政府机构开始，逐步推行到企业管理中。

1215 年，英王被迫与部分贵族及市民阶层武装反抗力量签订了《自由大宪章》（Great Charter），其中对国王的课税权进行了限制——“非赞同毋纳税”“无代表权不纳税”。它标志着英国早期国家预算（National Budget）制度开始形成。第一次世界大战以后，美国工业迅速发展，此时企业需要一种新的管理手段，在集权的情况下，不挫伤下级的积极性；在分权的情况下，避免管理权失控；既能够从制度上加以制约，又能够留有弹性的余地。在这种形势下，一些先进的大企业开始尝试将国家预算管理方法引入到企业管理中，作为授权管理工具，实现对资源的科学整合利用。

（1）预算萌芽时期（19 世纪末～20 世纪 20 年代末）

在实践方面，20 世纪初，杜邦公司（DuPont）和通用汽车公司（General Motors Corporation）在企业管理中引入了预算方式并取得了成功，分别成为企业预算管理纵向整合和横向整合的典范。

在理论方面，美国著名管理学家、经济学家、“科学管理之父”弗雷德里克·温斯洛·泰勒（Frederick Winslow Taylor），法国管理过程学派创始人亨利·法约尔（Henri Fayol），德国现代社会学和公共行政学最重要的创始人之一、“组织理论之父”马克斯·韦伯（Max Weber）所创立的学说，对构建预算体系、合理资源配置产生了巨大的影响。

1922 年，美国管理会计创始人詹姆斯·麦肯锡（James O.McKinsey）的著作《预算控制》（*Budget Control*）发表，标志着企业预算管理理论正式形成。预算萌芽时期的理论学说如表 2-1 所示。

表 2-1　预算萌芽时期的理论学说

序号	时间	作者	著作	观点	对预算管理的影响
1	1911 年	泰勒	《科学管理原理》	创立了“科学管理”学说，用科学化、标准化的管理替代传统的经验管理	构建预算体系、合理资源配置。标准成本法、差异分析法等方法成为预算管理中的常用方法
2	1916 年	法约尔	《工业管理与一般管理》	把企业活动分为六种，提出管理十四条原则与五要素	
3	1920 年	韦伯	《社会组织和经济组织力量》	界定权力与个人的关系，改进管理体制	

续表

序号	时间	作者	著作	观点	对预算管理的影响
4	1922 年	麦肯锡	《预算控制》	预算控制可以运用于商业组织，认为预算是动态的	企业预算管理理论形成

（2）预算发展时期（20 世纪 30~70 年代）

第二次世界大战以后，科技迅猛发展，瞬息万变的市场环境要求企业做出正确的市场预测与经营决策。大量先进的科学分析方法，如盈亏平衡点分析、弹性预算法、差额分析法、现金流量分析法、变动成本法等，被西方会计学吸收利用，企业财务管理工作有了质的飞跃。在此基础上，西方学术界呈现出百花齐放的景象。新兴学科和管理流派大量涌现，对预算管理理论和实践都产生了极大的影响。

同一时期，零基预算（Zero-Base Budgeting，ZBB）开始在西方国家兴起，对企业全面预算编制乃至高校预算管理产生了深远的影响。

1970 年，美国得克萨斯仪器公司使用零基预算编制法，成功辅助了公司管理运作。它的经验使得联邦政府开始全面推行零基预算法。企业预算管理实现了对国家预算的反哺。预算管理从理论方法到实践操作都得到了前所未有的极大发展。预算发展时期的理论学说如表 2-2 所示。

表 2-2　预算发展时期的理论学说

序号	时间宽裕	学派	观点	对预算管理的影响
1	20 世纪 40 年代	行为科学	综合了心理学、社会学、人类学、经济学等多种学科理论，以人的行为为研究对象，调节人与人之间的关系，引导并激励人们充分发挥人的主观能动性	预算管理开始具备沟通、协调、激励、评价与奖惩等新职能。“分权式的民主”出现：各个层次的预算执行者参与到预算编制中，形成了自上而下、自下而上的参与型预算管理。预算编制更加贴近实际、更具有可操作性
2	20 世纪 50 年代	量化管理	受科学管理、实证主义及科学主义思潮影响，把管理活动抽象成数学模型，运用数学方法对管理结果进行统计、分析，追求管理结果的精确化	预算编制工具更加科学、可量化

续表

序号	时间宽裕	学派	观点	对预算管理的影响
3	20 世纪 60 年代	系统管理	将企业组织视为一个不断运动的统一整体，用逻辑推理、科学计算对各个主要方面进行定性和定量的分析，找出在确定与不确定条件下各种可行的解决方案	预算应以组织整体最优为目标
4	20 世纪 70 年代	权变理论	认为并不存在一种普适的管理原则和方法，管理需要具体情况具体分析。使过程学说、计量学说、行为学说和系统学说四种理论有机结合在一起。使管理理论与实践紧密联系在一起	企业预算管理理论形成

（3）预算成熟时期（20 世纪 80 年代至今）

20 世纪 80 年代以来，信息技术得到了突飞猛进的发展，社会从工业时代向知识经济时代转变。对信息的挖掘利用达到前所未有的深度和广度。

1990 年，“企业资源计划”即 ERP（ Enterprise Resource Planning），被美国加特纳公司（ Gartner Group Inc.）首次提出。ERP 以信息技术为基础，用系统化的管理思想，让企业清楚“过去干了什么，现在正在干什么，将来打算干什么”，为企业全面预算的编制、执行、调整、监督、评价提供了便捷的手段，使全面预算管理迈上了一个新台阶。

2. 预算管理在我国的发展历程

（1）预算管理萌芽时期

我国现代预算管理是西学东渐的产物，始于晚清。戊戌变法期间（1898 年 6 月 11 日 ~9 月 21 日），康有为在《日本变政考》中主张效仿西方，实行预算公开。后因变法失败，未能实行。1910 年 9 月 23 日（宣统二年），清政府成立资政院。10 月，资政院审议通过了宣统三年预算案。这是我国历史上第一次编制国家预算。

（2）预算管理探索时期

新中国成立以后，以 1953 年第一个五年计划为标志，我国开始在计划经济体制下对预算进行探索。

20 世纪 50 年代，我国企业开始以班组为单位，进行业绩考评。班组核算管理方法得到推广和应用。

20 世纪 80 年代，我国企业中大力推行责任会计制度、经济责任制、全面质量管理、目标管理等管理方法。预算管理以总体预算的形式被部分企业采用。

20 世纪 90 年代，以龙头企业上海宝钢集团为代表的大型国有企业开始实施以现金流量为核心的全面预算管理，且成效显著。

（3）预算管理发展时期

2000 年以后，我国陆续颁布了《国有大中型企业建立现代企业制度和加强管理的基本规范（试行）》《企业国有资本与财务管理暂行办法》等若干行政规章制度。其中《财政部关于印发〈关于企业实行财务预算管理的指导意见〉的通知》（财企〔2002〕102 号），明确提出了企业编制财务预算应当“坚持效益优先原则，实行总量平衡，进行全面预算管理”，标志着全面预算管理的管理理念在我国进入了规范与实施阶段。

借助 ERP 系统的辅助，上海锦江国际酒店（集团）股份有限公司、支付宝（中国）网络技术有限公司、国家开发投资公司等多家知名大企业成功实现了全面预算管理，成为行业管理的典范。

（四）预算的编制方法

预算的编制方法多种多样，按照编制时是以静态还是动态数据为标准，分为固定预算法和弹性预算法；按照编制的基础是上一年的基期数据还是“以零为基础”，分为增量预算法和零基预算法；按照编制的时间特征，分为定期预算法和滚动预算法；按照预算变量出现的确定与不确定性，分为弹性预算法和概率预算法；等等。

每种方法都是在预算发展的过程中，为了解决当时所面对的特殊问题而产生的。这些方法各自有不同的特点和相应的适用范围。在选择时，需要根据预算编制单位的实际情况和所编制预算项目的具体特点来决定，与本单位现行状态相适应的方法才能最大限度地保证预算的准确性和可行性。没有必要为了强调预算方法的一致性而限定只能使用其中某一种方法。

1. 固定预算法

固定预算法（Fixed Budget），又称静态预算法（Static Budget），是预算编制的最基本方法。

固定预算法是按“固定”的业务水平来编制的，不考虑业务量可能发生变动。这种方法的特点：第一，适用于成本不随业务水平增减变动的预算项目，如折旧费、保险费等；第二，不考虑涉及金额太小、未对总体预算造成影响的预算项目，如支付给提前离岗人员的生活补贴等；第三，不考虑难以预计是否发生的事项，如丧葬费等；第四，需要考虑预算编制前已经确定的、不可能再有变动的项目成本，如长期合作的外聘专家，人数及人均标准均已确定，可以得到确定的成本。

固定预算法简单直观，但适用范围狭窄、机械呆板，一旦环境有一点儿变化，预算编制就失去了基础。

2. 弹性预算法

弹性预算法（Flexible Budget），又称变动预算法（Variable Budget），出现于20世纪30年代。它的出现，弥补了固定预算法的缺陷。

弹性预算法通过分析成本性态，建立其与业务量之间的关系，使收入、成本、费用等之间的依存规律对应起来。它适用于随业务量变化而变化的预算项目的编制。

弹性预算法分为列表法和公式法。

列表法将业务量水平划分为不同的区间，按照区间确定各项预算数额。实际执行结果以查表的数额为参照。列表法的关键是确定区间间隔，间隔太大，预算失去准确性；间隔太小，增加编制工作量。公式法将成本、费用与业务量的关系描述为线性关系 $y=a+bX$，即总成本 = 固定成本 + 变动成本 × 业务量。公式法简单易行，数据相对准确可靠，但需要注意使用的范围。业务量超出一定范围，可能会引起公式描述以外的变化，需要引入其他数学方法进行修正。

弹性预算法适用范围广泛，一旦规律成立，可以在很长时间内持续使用；能够保留业务量的动态变化过程，为后续部门、员工业绩考核提供依据。相比固定预算法，它的工作量稍大，只适用于能够对数据变化形成规律的费用项目，如利润的归集等。

3. 增量预算法

增量预算法，又名调整预算法，是一种传统的预算编制方法。增量预算法是以上一期成本费用为基础，考虑本年可能出现的变化和影响因素，对原有预算进行增减变动的一种方法。增量预算法是一种类似静态的预算编制方法，它的存在是基于三个假设：

①上一期的所有开支都是合理的；

②本期的各项业务活动都是组织运行所必需的；

③根据业务量变动而变动的指标是合理的。

增量预算法操作简单，对预算编制人员素质要求相对较低，容易得到管理层的理解与认同，也符合预算编制连续性的要求，但同时具有无可避免的缺陷：管理层在审核增量预算法编制的预算时，只审查今年比上一年增加的部分，原有的项目和金额很难被砍掉，即使其中很大一部分已经没有存在的必要了；容易鼓励预算编制人员搞平均主义，打击员工降低费用的积极性；一旦宏观环境出现大的变动，这种方法就会逐渐脱离实际，偏差越来越大，不能体现预算对资源配置的效率性，也难以体现公平；而且，增量预算法必须要依赖于上一年度决算的情况，对下一年度预算编制的及时性有影响。

4. 零基预算法

零基预算法（Zero Base Budgeting）以零为基础，不考虑上一年的收支情况，以本年度的实际经济活动为准绳，在成本效益的基础上，逐项审议预算期内各项开支是否必须，开支的金额是否合理，按照项目的轻重缓急来安排预算。它不是对历史数据的小修小补，而是重起炉灶。

零基预算考虑以下几个问题：第一，该项目是否符合组织目标？第二，该项目是否是必需的？第三，还有更好的替代项目吗？第四，它所获得分配资金的多少是否与其项目重要程度一致？

零基预算是典型的将“自上而下”和“自下而上”的预算编制程序结合起来的方法，提高了员工参与积极性；打破了定式思维的束缚，有利于清理往年不合理因素；能有效增加预算透明度，有利于资源的合理配置；编制过程中与相关单位的沟通不带包袱，能使目标更明确。

但同时，零基预算法是一种“理想”的状态，编制程序复杂，对编制预算的人员素质要求高，工作量极大，编制成本高；虽然“看上去很美”，但完全抛开基期的实际发生额是不科学、不恰当的，完全从一张白纸开始的状态，容易造成形式主义；零基预算法无法屏蔽“项目重要性排序”等主观因素的影响；不适用于具有明显投入产出关系的预算项目。

零基预算对高校的体制障碍无能为力。高校的预算收支并没有零基预算所需要的足够的自主权，无法决定学校支出项目的优先级以及组合投入方式。武断地使用零基预算法，可能导致混乱的后果。

5. 定期预算法

定期预算法，又称阶段性预算法。是以固定不变的期间（通常为一个会计年度）为预算编制时间段的一种方法。定期预算法的优点是能使预算期间与会计年度保持一致，有利于预算完成实际数与预计数的比较，有利于分析评价。它存在以下缺点：

①预算后期数据不准确：预算通常比实际执行提前 2~3 个月编制，部分企业甚至需要提前 3~5 个月编制，越到后期，预测越不准确，给执行造成阻碍；

②难以应对突发情况：预算期太长，一旦发生与预算情况相悖的重大变化，无法在变化征兆刚发生的时候就及时反应；

③导致短视行为：预算期间随着预算的执行进度，越变越短，把管理人员的视野局限在剩余的短暂预算期内，尤其是年底的时候，“做完这一单，今年的任务就完成了”，还可以继续增长的业绩有可能被人为地调整到第二年；

④无法适应临时订单任务：对于以短期订单临时突击组织生产的企业来说，编制预算难度大，编制后很难保证执行。

6. 滚动预算法

滚动预算法（Rolling Budget），又称连续预算法或永续预算法（Perpetual Budget）。是指用滚动的方式使预算期始终保持在一个固定的时间长度内（如一年、一个季度、一个月等），通常将这个固定时长设置为 12 个月。每过去一个月或一个季度，预算就向后滚动，增补进下一个月或下一个季度。

在预算编制时，时间越靠前的预算做得越详细，越靠后的越模糊，如第一个季度的预算，分解到按月的详细指标，二、三、四季度可以只有预算总额。在第一个季度的预算将要执行完毕之前，分解第二季度的预算总额到详细指标，同时补充第五季度的预算总额。从第二季度到第五季度的预算，形成新的连续的 12 个月，以此类推，不断滚动向前。

滚动预算使预算期摆脱了会计年度的控制，其实质是一种动态延伸的弹性预算。该方法克服了定期预算的种种弊端，“近细远粗”，预算的“后期”通过滚动，变成预算的“前期”，预算数据准确度高；能结合各种可变因素做出及时的调整和改变；能够始终围绕组织目标来修正预算，连续、完整、稳定，预算透明度高。但同时，滚动预算的编制工作量巨大，对预算编制人员素质要求高，目前的研究停留在理论阶段，缺乏值得信服的结合实际实施成功的案例。

二、预算管理的特征

（一）以财务管理体系为保障

预算管理通过财务管理提供的有效数据来进行预算管理的实施。通过对前一期工作的支出数据分析编制未来一段时间的数据预算，通过财务人员提供的数据、财务人员的观察以及所获数据的分析协助促进预算管理的有效实施，这一过程中财务人员对于提供信息的有效性程度促使预算管理的可靠性高低，通过接受对于具有合理参考作用的有效数据进行合理制定，并且对于制定的数据计划进行紧密的跟踪，确保数据过程收集的真实性以及能够及时发现存在于预算管理过程中的问题，并且及时解决。

显而易见，在预算管理整个过程的制定执行、合理控制实施及收取可靠信息结果中，财务管理体系起着十分重要的作用。

（二）战略性

高校预算是为了促进高校有序健康发展而依据学校自身的发展前景以及发展目标而进行的合理的规划，是高校进行各种有序程序的指导性策略。预算管理是高校进行管理活动的一种有效形式，它的主要作用就是对学校可利用的资源进行合理有效的组织运营，这种运行有三方面作用：第一，以高校的战略发展为目标进行规划；第二，通过合理有效的预算管理提高高校在战略发展过程中的有效支撑；第三，不同高等学校应结合自身情况、不同发展时期对预算管理进行合理的规划。

（三）指导性

预算管理是为了促进学校在发展过程中有效合理地利用资源进行整合规划，因此指导性作用将有利于高校的有序发展。预算管理通过结合单位内部对于各项事业的发展情况进行人、财、物三方面的有效结合。通过管理对预算进行编制，这种编制是以高校发展的管理目标为基础，促进各个因素的有效整合。在预算编制完成并得到确认后应积极全过程效执行，并且严格按照执行。在这种预期即将结束时进行对本年度预算的总结性回复，总结不足及优点，并且为即将进行的预算提供合理有效的指导作用，提高预算的准确程度。

（四）动态性

预算完成后应坚决执行，但是在执行过程中应结合实际情况进行合理有效的变动，促进预算的时效性，积极地采用动态化的管理形式。如在进行有固定额度的财政预算时，实际过程中不可避免地会出现误差，这时可采用弹性预算的预防措施增加解决问题的广度，采用长期短期双结合的预算方式降低在实际过程中存在的风险。

（五）约束性

在预算实施过程中避免对已制定的预算进行随意的、无约束的改动，在各部门强调预算管理不能随意更改的权威性，增加对预算管理更改的约束性，这种约束性的提高有利于提高预算管理的实施效率以及效果。

三、预算管理的基本内容

（一）全面预算的内容

全面预算包括特种决策预算、日常业务预算与财务预算。特种决策预算是指企业不经常发生的、需要根据特定决策临时编制的一次性预算，特种决策预算包括经营决策预算和投资决策预算两种类型。日常业务预算是指与企业日常经营活动直接相关的经营企业的各种预算。财务预算包括现金预算、财务费用预算、预计利润表、预计利润分配表和预计资产负债表等内容。

（二）全面预算管理的基本内容

1. 预算编制

预算编制是以预算目标为依据，对预算总目标的分解、具体量化并下达给预算执行者的过程，是预算管理的起点，是基础性、关键性环节。预算编制宜采用自上而下、自下而上、上下结合的编制方法。

2. 预算内容

预算内容要以营业收入、成本费用、现金流量为重点。营业收入预算是全面预算管理的中枢环节，它上承市场调查与预测，下启企业在整个预算期的经营活动计划。预算是否得当，关系到整个预算的合理性和可行性。

成本费用预算是预算支出的重点，在收入一定的情况下，成本费用是决定企业经济效益高低的关键因素；制造成本和期间费用的控制也是企业管理的基本功，可以反映出企业管理的水平。现金流量预算则是企业在预算期内全部经营活动和谐运行的保证，否则整个预算管理将是无米之炊。

3. 预算管理

预算管理工作要建立单位、部门行政主要负责人责任制。开展全面预算管理，是企业强化经营管理，增强竞争力，提高经济效益的一项长期任务。推行全面预算管理必须切实抓好“四个结合”：

①要与实行现金收支两条线管理相结合；

②要同深化目标成本管理相结合；

③要同落实管理制度、提高预算的控制和约束力相结合；

④要同企业经营者和职工的经济利益相结合；

4. 预算的执行和分析

预算执行是调动各级预算责任人的积极性、创造性，强化责任意识，并调动各项经济资源通过人的主动性努力完成预算目标。它是预算的具体实施，是预算控制的核心环节。

预算经费是预算管理委员会审批后下发执行的，各责任中心必须严格按照预算管理的要求执行预算，控制生产经营全过程；预算的执行要求各执行主体对生产经营过程进行真实完整准确的计量、记录；对预算执行主体建立预算激励和预算约束机制，自觉地在预算的约束下开展经营活动。

5. 预算的监督

有力的监督是有效执行的重要保证。预算控制部门应通过日常运营信息和动态管理分析对预算的执行情况进行跟踪监督，并提出有关战略管理等多方面的意见和建议。

6. 预算的调控

预算的灵活性体现在预算面向未来，在执行过程中不可避免地要进行调整。调整的原则是对个别预算项目进行微调，只对预算执行过程中重大变化进行最低程度的调整，并实施监控，使其调整在不影响预算总体目标下适应当前情况。

7. 预算的考评与激励

通过预算执行情况与预算目标之间的预算差异分析，掌握进度和状况，及时纠偏补漏，兑现奖惩，为下一步预算调整、加强全面预算管理的科学性奠定基础。

第二节 预算管理相关制度改革

一、新预算法改革

（一）新预算法概述

2018 年 12 月 29 日，全国人大常委会审议通过了修改的《中华人民共和国预算法》（以下简称《预算法》），规定该法于 2015 年 1 月 1 日起正式实施。修改后的《预算法》重新阐明了预算目标、对预算体制和控制方式进行了改变、更加重视执行过程的审计与监督、对部门预算编制进行细化、强调了预算的公开、强化了预算绩效等。新预算法的颁布要求高校要加强预算管理，并对其提出了更高的要求。全面落实新预算法是当今高校预算管理需进行的重要任务。

（二）新预算法对高校预算管理的要求

1. 预算管理更具全面性

新预算法规定“政府的全部收入和支出都应当纳入预算”，即实行全口径、全范围、全过程的预算管理。高校应开始主动对资金活动进行管理。首先要保证内容的全面，不仅要包括本年度的收入和支出，还要将预算外的资金纳入其中，考虑以前年度的结转和结余、期限较长的应收应付款项、事业基金和专项基金。另外预算参与人员要全面，通过积极宣传全面预算管理的理念，使人人参与到预算中，将责任落实到每一个人身上，理解学校发展目标和预算管理理念，更好地为学校教育事业奉献自己的一份力。

2. 全面落实零基预算法

零基预算法主要是指事业单位在每一个新的年度都需要从零开始，并且要摒弃掉以往年度的收支情况。事业单位的预算管理人员需要针对新年度的预算工作进行规划，结合实际的资金需求重新对相关资源进行规划配置。该预算方法能够提高事业单位预算工作执行的有效性，也是更具有科学性的预算编制方法，零基预算法的应用有利于规范预算编制工作的进行。

3. 注重跨年度预算

新预算法首次在预算管理中引入“跨年度预算平衡机制”的概念，要求预算管理工作中应充分考虑跨年度的因素，使预算在各个年份中保持连续和关联性。项目资金的预算不仅要考虑当年的需求，还要对以后年度的资金使用情况进行预测，对各个期间的预算资金进行综合考虑，保持项目不间断，防止出现后期资金大量结余造成的资金浪费或因缺乏资金而造成的项目停滞现象。

4. 财务信息公开透明

在传统预算法中，并未针对事业单位的财务信息透明公开程度作出详细规定。而在新预算法中，重点强调了要将事业单位的财务信息公开，并且要确保公开的财务信息的全面性，要求对主体、形式、内容和时间均公开，使各项资金的来源做到可追溯，防止事业单位运用违法违规的方式获得资金。同时对预算管理的信息要求愈发严格，对于各个阶段的预算管理信息都需要进行全面的监管，从而有效地避免事业单位所面临的财务风险。高校要对外公开预算数据，由社会对其进行监督与检查。此外公开数据的时间要及时，除特殊事项外，应在预算批准 20 日内公开。

二、新政府会计制度改革

（一）新政府会计制度概述

为了规范会计核算模式，2017 年 10 月 24 日财政部印发《政府会计制度——行政事业单位会计科目和报表》（以下简称《政府会计制度》），规定自 2019 年 1 月 1 日起正式实施。《政府会计制度》的出台为行政事业单位提出了新的会计核算模式，通过分离预算会计和财务会计、决算报告和财务报告功能，将预算会计要素和财务会计要素相互关联，决算报告和财务报告相互补充，形成了预算会计与财务会计适度分离又相互衔接的政府会计核算模式。该制度更有条理地划分了会计要素，合理地将财务会计和预算会计科目分离，使二者相互联系的同时又互不干扰。将财务与预算数据合理地划分开来，使会计信息更加清晰准确，便于会计信息使用者使用。双报表更符合当代财务工作的要求，更全面、清晰地反映高校财务信息和预算执行信息。新政府会计制度对会计要素和会计报表体系进行了完善。

（二）政府会计制度对高校预算管理的影响

1. 促使高校预算精细化管理

政府会计制度通过分离预算会计和财务会计，在财务会计科目的基础上增加预算要素，使高校在预算上更加清楚明了，更有利于对预算工作进程的监测，促使高校在预算上进行精细化管理。根据政府会计制度的双基础、双核算、双报表的要求，高校需要在预算和财务两大核算体系之间达成一致，将两个体系相互衔接，因此，对高校预算流程中的预算编制、报表的形成等都提出了更高的要求。政府会计制度要求有资金的流入才能入账预算收入，有资金作为保障才能够安排支出，有资金流出才能进行预算支出，将所有的资金活动都纳入财务核算中，保证预算执行的规范性，将资金的预算安排与实际执行相统一。政府会计制度的要求促使高校对预算进行更精细化的管理，以进一步完善预算管理体系。

2. 促进高校预算编制的科学性

预算的编制在预算年度之前，会计核算工作是建立在良好的预算管理基础上的。由于政府会计制度要求预算会计与财务会计平行记账，预算编制时首先就要做好项目编号工作，为后面财务核算工作奠定基础。同时政府会计制度双分录、双目标的要求，对预算编制进行了细化，促使了预算编制内容的补充和完善。将财务会计与预算会计相分离，增加预算收入、预算支出和预算结余三大要素，促进高校预算在编制上更加精准、合理，为后续的预算执行与绩效评价奠定良好的数据基础。

3. 促进高校预算绩效评价的有效性

由于原来执行的高校会计制度中高校各类收入支出主要以收付实现制为基础，只有少数经济业务采用权责发生制，导致高校在核算过程中缺少成本核算的理念。政府会计制度的出台增加了财务会计上的权责发生制，使高校必然进行成本核算。将收入费用进行归责分配，增加折旧、摊销、坏账准备等费用的核算，使高校所反映出的信息更符合现实情况，更加准确地反映出高校收入与运行成本。因此政府会计制度下高校的绩效评价体系中会考虑成本投入的因素，更真实地反映出资金的使用情况，有利于对高校资源投入产出比的核算，使绩效评价有了更全面的数据基础，高校绩效评价体系会更加有效、更加客观，促进绩效评价能力的提升。同时决算报告根据预算会计的数据，可以反映出具体预算执行进度与执行结果，有效提高绩效管理水平。

4. 促使高校提升预算信息化

高校财务的信息化建设相比于企业来说，技术水平较落后，难以满足现代财务的要求。政府会计制度的出台对财务信息化建设提出了更高的要求，其中明确规定应及时调整和升级会计信息系统。目前的财务信息系统还不能满足新制度对双基础、双核算、双报表的要求。新制度下财务会计需要与预算会计平行记账，因此需要充分利用信息技术完善高校信息化建设，将预算系统与财务系统连接来达到新制度的要求。新制度改革的顺利开展要以完善的信息系统作为保障。传统的财务信息系统存在很多弊端，高校应以新制度的改革为契机，升级高校预算管理系统，不仅可以提高高校预算管理工作的效率，还有助于完善高校内部控制管理体系，促进高校持续健康发展，为政府会计制度的平稳落实奠定基础。

三、政府采购改革

（一）政府采购改革概述

2015 年 1 月 30 日，国务院颁布《中华人民共和国政府采购法实施条例》，规定该条例于 2015 年 3 月 1 日开始全面实施。该条例对采购法进行了进一步细化和完善，深化了政府采购机制改革，促进政府采购的法治化与规范化，同时推动了高校政府采购工作，对高校政府采购工作提出了更规范、更细致的要求。

2018 年 11 月 14 日，中央全面深化改革委员会第五次会议审议通过了《深化政府采购制度改革方案》，对政府采购工作进行了指导，阐明了改革任务。随着政府采购制度的改革，政府采购作为高校预算管理的一部分，将驱动高校预算管理的改革，促进高校在政府采购管理改革制度的要求下积极采取有效措施，以便更好地推进高校的政府采购工作。

（二）政府采购改革对高校预算管理的影响

1. 促使高校加强预算采购管理

2016 年 7 月 31 日，中共中央办公厅、国务院办公厅印发了《关于进一步完善中央财政科研项目资金管理等政策的若干意见》（中办发〔2016〕50 号），规定“中央高校、科研院所可自行采购科研仪器设备，自行选择科研仪器设备评审专家，对中央高校、科研院所采购进口仪器设备实行备案制管理”。河北省当地政府根据国家指示的文件制定了一系列的规范，其中包括对省级科研项目的资金管理和采购方式提出了相应的意见，具体内容为在政府采购预算总额不变的情况下，省属高校可对预算需求进行合理调整，然后向相关主管部门和财政部门备案。随着下放采购权限，高校应加强预算采购管理，合理地实行采购管理权，加强科研仪器设备采购的监督与控制，保证采购过程中公开透明，更好地完成科研任务。

2. 促使高校建立电子采购平台

《深化政府采购制度改革方案》提出“以实施‘互联网＋政府采购’为支撑，不断提升政府采购的监管能力、运行效率和服务水平。”“互联网＋政府采购”模式更加符合现代发展趋势，是采购改革的重要举措，将进一步推动政府采购的改革与创新，让采购工作更加规范与高效。高校应积极响应号召，将互联网与政府采购有机结合，建立电子采购平台，缩短政府采购时间，减少采购成本，从而提高高校的采购效率并保证科研任务的顺利完成。

第三章　高校预算管理概述

第一节　高校预算管理概念

一、高校预算的含义

根据《高等学校财务制度》，“高校预算是由收入预算和支出预算组成的，是高等学校根据事业发展目标和计划编制的年度财务收支计划，是高校在近阶段发展和规划的体现”。高校预算管理就是以学校的财务预算为依据，通过收入支出的分配对学校教育、科研、考核、行政管理等各项工作进行监督管理。高校预算管理主要包括预算编制、预算执行、预算控制及预算评价几个方面。

二、高校预算分类

（一）以预算属性为依据，可以分为收入预算和支出预算

收入预算是指高等学校年度内通过各种形式、各种渠道可能取得的用于开展教学、科研及其他活动的非偿还性资金的收入计划，包括财政补助收入、上级补助收入、事业收入、经营收入、附属单位上缴收入和其他收入。

收入预算是本年内学校可进行分配、用于事业计划和实现战略目标的所有资金额，不仅反映了高校获得经费的渠道，也反映了高校获得经费的能力和经费组成结构，是高校预算编制的基础。支出预算是指高等学校年度内用于开展教学、科研及其他活动的支出计划，包括事业支出、经营支出、基本建设支出和对附属单位补助支出预算。

支出预算作为高校预算编制的核心，在一定程度上表明了高校发展的方向、发展的速度和发展的规模。支出预算和收入预算是学校预算编制的重要组成部分，二者缺一不可。在预算编制过程中两者都很重要，若只注重支出预算的编

制，忽略收入预算，显然是不可取的。收入预算是对各项经费收入的统计，若资金落不到实处，那么再完整的支出预算都是没有办法实施的，势必会影响学校各项战略目标的实现。

（二）以预算管辖范围为依据，可以分为校级预算和所属各级预算

校级预算是以学校为主体，对学校整体的各项支出和收入进行预算编制。所属各级预算是各部门根据学校预算和下达任务对本部门的收入和支出进行预算编制。

三、我国高校预算管理的先进经验

我国高校预算管理起步较晚，缺乏具有全方位覆盖性的优秀案例。但这并不妨碍各高校在预算管理各个环节呈现出闪光点。

（一）我国部分高校预算机构设置情况

从预算管理的机构设置上来看，上海交通大学走在了全国高校的前列。我国绝大部分高校，预算、决算管理的全过程都由“预算管理科室”负责，预算科归属于财务部门的管理之下。

而上海交通大学的计划财务处在设置了“计划管理科”负责预算管理的同时，还设置了“财务分析科”负责决算及数据分析。预算、决算职责分离，对保证预算编制的客观性、督促预算执行，起到了良好的促进作用。同时，有利于决策真正发挥辅助高校决策的优势。并且，该校还单独设置了稽核科，加强财务内部控制，规避风险。

在机构、岗位设置职责相分离方面，中山大学做得比上海交通大学更进一步。2017 年上半年，经过调研考察、分析酝酿，中山大学引进了美国高校预算管理的先进经验，对校内财务机构进行了改革，将原来的“财务与国资管理处”拆分为三个不同的机关处室——“财务与国资管理处”“预算管理办公室”“核算中心”。

这一改革实现了制度制定与执行相分离、业务处理与管理相分离的目的。“财务与国资管理处”主要负责制度的制定与管理；“核算中心”主要负责各类核算业务的开展，即制度的执行；“预算管理办公室”不再受制于财务部门，成为独立机构，主要负责预算的编制、执行进度管理、预算控制管理等，保证了预算管理的独立性、权威性，为预算的贯彻执行力度提供了可靠保证。

（二）我国部分高校预算管理信息系统使用情况

上海交通大学与上海复旦天翼计算机有限公司长期合作，对财务系统进行了嵌入式开发，度身定制了全面预算管理系统，大幅提高了预算管理的工作效率，提升了管理水平。该校信息化程度高，工作效率卓越，是高校财务管理中的翘楚。

重庆大学、西南大学、北京邮电大学、大连理工大学等均已开始使用预算管理系统辅助预算的编制与管理。部分学校由于科研管理系统与财务信息系统开发公司不一致，导致项目模板不能对接，通过使用“中间库对照表”等方式解决问题。

总体来说，我国高校预算管理信息系统使用情况不理想。部分高校没有使用信息系统或正在着手准备使用信息系统。已使用信息系统的高校，能像上海交通大学一样，根据自身需求量体裁衣定制软件的少之又少。大部分是购买已有的软件成品进行接口改造，普遍存在不兼容、不匹配、用户使用体验差等问题。

（三）我国部分高校预算的编制和执行

具体到预算编制方面，大连海事大学在对历史数据的发掘利用方面堪称优秀。在编制本年预算时，一定要分析对比往年预、决算的数据，从中吸取有益的经验，形成当年预算。

对于校内预算拨款，华南理工大学在安排预算时，将校内预算分成两部分：一部分是公用经费，另一部分是项目经费。学校在向学院、机关部处和直属单位分配经费时，根据各单位的年度事业计划，对公有经费实行定员定额管理，将水电费、通信费、印刷费和房屋使用费等经费定额划拨给学院、机关部处和直属单位，经费包干，结余留用。促使各学院部门将有限的经费用于教学、科研等刀刃上，最大限度地减少浪费。

对于经费审批，大连海事大学、大连理工大学两所高校均采用以下流程：日常经费由相关业务部门填报预算，后经财务审批；非日常经费、专项经费、新增项目由校内专家评审。

对于预算执行过程中，收到专项拨款追加预算的处理：大连海事大学采取了年初预估，到账时分配的方法；大连理工大学则是根据拨款文件，先开通赤字，实际到账时增加预算；北京理工大学全部需要报校长办公会审议；北京邮电大学凭相关文件直接进行追加。对于校内预算评审，大连海事大学的流程为：相关业务部门申报，财务处组织会签，部门座谈进行评审，批复意见。大连理工大学的预算评审须报送至校长办公会；山东大学和国家海洋大学的项目评审由分管校领导主持负责，向校长、书记汇报，最后将评审结果送呈党委常委会。

为督促预算执行进度，切实关注预算执行效果，山东大学与各相关职能部门签订预算执行责任状，每个月将预算执行情况简报呈报给校领导审阅。

（四）我国高校预算管理情况总结

总体来说，我国高校的预算管理还比较落后。从高校外部来看，由于政府拨款方式等问题，校内预算与部门预算脱节——预算“两张皮”。从高校内部看，存在预算编制不科学、执行缺乏监管、评价缺乏体系、观念因循守旧、体制机构不健全五大问题。

从对各高校的调研情况可以看出，在把握大方向不触政策红线的前提下，各高校对具体细节事务的处理千差万别。以前面提到的校内预算评审为例：需不需要做评审，请谁来做评审，由谁来组织，批复至哪个级别，汇报到哪个层次，等等，各所高校的处理方式似乎相似，但细节上又不尽相同，缺乏规范、标准的操作流程。

很多可以通过各高校之间相互交流解决的业务问题，由于高校财务长期以来的封闭性、保密决策等自身的特殊校情，难以直接取长补短。在预算执行、调整、评价监督方面，各高校能学习分享的经验都十分有限。部分高校本着“宁紧勿松、刚性执纪”的方针来管理预算，虽然极大地避免了风险和错误，却又不够人性化，打击了各学院的积极性。

受到体制、社会、历史等宏观因素影响，我国文化中所提倡的每一步应该走得“稳”、宁愿走得慢也不能出错的思维惯性作祟，我国高校对预算管理所做的各种探索都趋于保守。财政部下发的变革力度较强的文件，往往要几年时间才能推动。

很多高校都持观望态度，满足于在兄弟院校成功实施之后才开始着手调研考察，看是否有相关经验可供借鉴学习。甚至宁愿几年后，审计出了问题，事后一次性补齐多年缺失的手续，让全校相关人员都叫苦不迭，也不愿意做“第一个吃螃蟹的人”。

有鉴于此，对于我国高校为预算管理所做的各种努力和尝试，应该更加包容，以鼓励为主。

第二节 高校预算管理的作用

一、提高资源配置效率

预算可以将高校的目标、行动方法和策略细化，在实际工作中按照提前预算的轨迹执行，达到期望效果，预算管理向资源配置提出要求，必须优化高校的资源配置，进而提高资源配置效率。例如，将高校的经费来源分为财政拨款和自筹，高校对这部分经费进行初次资源配置决策，下发到各院系、各部门则可以进行二次资源配置决策，优化改善二次资源配置，可以提高初次资源配置效率。高校的资源有限，有重有轻、公平合理的资源配置，可以让高校发展达到事半功倍的效果。

（一）目前高校内部资源配置的现状

1. 效率与公平难兼顾

在高校内部资源配置中，效率与公平常常难以兼顾。高校内部有限的、既定的教育资源，不管是用于学校优先发展领域，还是用于内部二级单位间的平均分配，都不可能同时满足各利益主体的合理诉求，难以兼顾公平与效率。

2. 博弈现象较普遍

高校内部资源配置主要是通过编制校内预算来实现的，而校内预算是部门间“博弈”的结果。高校内部资源配置既没有市场信息，也没有明确的预算目标，使得预算配置资源成为部门之间“讨价还价”的结果。

3. 内部资源难共享

最大限度地实现资源的共享，是目前我国高校在进行内部资源配置时最有效的提高资金使用效率的途径之一。然而，完善资源共享机制的缺乏，难以实现校内资源合理共享，资源利用率不高，浪费现象比较普遍。

4. 集权与分权难把握

高校的整体性要求集权，而学科特殊性和业务具体性则要求分权，二者都有利有弊。高度集权的资源配置方式，能够保证有限的内部资源流向优先和重点领域，但人为因素可能会影响资源配置效率。高度分权的资源配置方式，根据实际情况配置资源，使资源使用的针对性和有效性得以提高，但缺乏对学校整体利益的考虑。

（二）财务管理在高校内部资源配置中的作用

要想实现高校内部资源优化配置，关键途径在于“开源”和“节流”，“开源”即从源头上扩宽融资渠道、增加教育投入，“节流”则要求在资源使用过程中提高使用效率，实际上就是通过财务管理优化资源配置。

1. 充分发挥财务管理的杠杆作用，为学校发展合理调度资金

高校可以充分利用财务杠杆原理，认真评估财务风险，采用适度规模的负债，达到增加教育投入的目的。随着财务杠杆系数的增大，其产生的作用也就越大，高校所承担的财务风险就大；反之，则相反。

2. 合理确定科学的财务分析指标，为资源配置提供依据

高校可以通过合理、科学的指标体系，分析比较本会计年度内的财务状况，以高校的财务状况进行客观公正的评价，从而发现在资源配置过程中存在的问题，提出合理的优化措施，推进高校又好又快的发展。

二、合理控制财务风险

高校为了保证教学活动的正常进行，需要对所耗费的物化劳动和活劳动的价值进行核算，计算出高校运行成本，并作为价值补偿的依据。随着高校逐渐成为独立的主体，高校也面临着诸多风险，其中对高校影响最大的是财务风险，如高校过度负债问题。高校为了谋求发展，适度举债可以更好使用资金，解决资金周转不灵的困境，但是如果预算控制不当，造成高校过度举债，就会给学校带来财务危机，影响高校的正常发展。

因此，必要的预算评价指标可以考核和评价高校的财务发展潜力，衡量高校的负债和风险承受能力。在真实可靠的核算基础上对高校财务运行边界进行预报，从而避免或者降低高校财务风险。以绩效管理作为高校预算管理的约束激励手段能使预算执行部门做好计划，用量化和非量化手段实现资源约束与高校发展目标的动态平衡，避免盲目发展给学校带来经营风险和财务风险。

（一）高校财务风险的概念

在研究高校财务风险之前，有必要对财务风险的概念进行界定。财务风险一般可从广义和狭义两个角度来理解：广义的财务风险是指在经济活动中由于存在各种不确定因素，实际收益与预期收益发生偏离，进而造成损失的可能性。狭义的财务风险是指企业用货币资金偿还到期债务的不确定性。这一概念是与企业生

产经营的实物运动相对应的，一方面，资金是企业的生命线，缺乏资金会成为企业发展的瓶颈；另一方面，企业的资金运动又具有相对独立性，企业的资金运动按照“资金—成本—利润—资金”的运动轨迹循环，这一运动过程并非时时处处都与企业的“采购—生产—销售”的实物运动相伴而行，而是经常发生游离正常实物过程的独特运动。因此，将企业资金运动中可能面临的风险单独考虑是很有必要也是有可能的。作为非营利性事业单位的高等院校，其所面临的财务风险既不同于广义的财务风险，也不同于狭义的财务风险。从概念的性质看，更接近于狭义的财务风险概念，只是将研究对象换成非营利的高等院校即可。

结合以上对于风险及财务风险的理解，将高校财务风险定义为：高校在经营过程中，由于在内外部环境因素的变化及作用下形成的财务状况的不确定性，从而使高校蒙受损失，造成其不能充分承担其社会职能、提供公共产品乃至危及其生存的可能性。

（二）高校财务风险的类型

目前，关于企业界的财务风险，我国学者提出将风险管理理论和财务理论结合起来进行研究，并认为应当按“两权分离”后所形成的不同财务主体，将企业财务划分为出资者财务和经营者财务，财务风险也顺理成章地划分为出资人财务风险和经营者财务风险。这样分类是为了更好地划分经营者和出资人的管理责任。然而，对高校而言，“两权分离”及多层次委托代理关系的存在，使得高校在事实上对财务管理也存在两个层次。因此，对普通高校财务风险的分析也应当分别从政府与高校两个层面进行。

1. 政府角度

财产所有权是经济生活中最基本的经济权利。政府角度的财务风险是高校最基本的财务风险，其风险程度是高校风险程度中最高的，其他层次的财务风险管理都应以符合此财务风险的限度为前提。就具体内容而言，主要包括：

（1）高等教育投资风险

高等教育投资风险是指高等教育投资未来收益的可能变动幅度，以及高等教育投资预期收益率的可能背离程度。它可分为系统风险（主要指政策风险、财政风险、市场风险）和非系统风险（主要指内部管理风险、教学质量风险）。这是由于对于非营利性组织的普通高校，作为最终出资人的国家所要求的主要是高校带来的社会效益增值，包括为社会培养合格人才和提供智力产品两方面。因此，对这一风险的管理是国家首先要考虑的。

（2）教育资本减值风险

在企业中，当出资者投入资本以后，企业管理当局为履行其受托责任，保护投资者利益；为了企业的持续发展，必须实现对资本的保全并力求其不断增值。而高校虽然是非营利性组织，国家也要求对高校资产实现保值增值，当然，这种保值增值必须服务于高校的生存目标——社会效益的增值，但这两年出现了所谓的净资产潜亏风险，现实表现是：高校净资产的账面余额少于净资产的应有余额；净资产结构与专项结余指标不对称；预算包干与结余留用的专项经费缺乏净资产保证。产生净资产潜亏的直接原因是预算失控，特别是对实行零基预算的公用经费使用失控。事业支出按支出对象可分为人员经费和公用经费以及对个人和家庭补助三类，公用经费按余额的预算处理方法又可分为结余留用的专项经费和零基预算经费。实行零基预算的经费项目在年初预算时不管其是否存在余额，均应抹为零；而结余留用的专项经费余额是不能抹为零的，其未用完的余额必须仍然有资金保证。如果这部分资金因预算控制不严而被前者挤占、耗用，必然使事业基金减少，从而形成潜亏。这部分专项经费的结余指标并不会因为其资金被挤占而减少，且其余额随时有可能被拥有者投入使用。因此，净资产潜亏必然对学校的财务状况构成巨大压力，进一步使高校发展缺乏后劲，必然影响高校目标的实现。

2.高校自身角度

对于高校财务风险而言，高校层面面临的财务风险更直接。在财务管理层面，与国家关注的投入资本经营的最终结果不同，高校本身更应关注现金流转的顺畅及现金性收益的增加，以确保高校业务工作正常进行。由于风险也存在于现金流转的各环节中，所以经营者财务风险具有动态性，由此引发的经营者财务风险管理也必然是一个动态的过程。筹资、投资和收益分配是企业经营者财务管理的主要内容，而作为非营利性组织的高校，由于不存在收益分配活动，所以也就不存在这方面的风险，高校自身的财务风险主要存在于筹资和投资这两个环节中。此外，高校的经营过程与高校财务状况息息相关，因此也应将高校经营风险考虑在内。

（1）高校筹资风险

企业筹资的具体目标是在不影响现金流出及偿债能力的基础上实现权益资本收益的最大化。筹资实际结果与其目标之间产生偏差的可能性就是筹资活动风险，具体包括收益风险和偿债能力风险。高校作为国有公办的事业单位，与企业单位有所不同。企业一旦经营不善，资金周转不畅，就有可能面临破产的局面。目前我国没有并且短期内也不可能存在高校破产制度，虽然很多高校财务事实上已经破产。同时，高校资金来源中，仅有银行贷款是需要向银行偿还本息的。因此，高校筹资活动风险是指高校向银行等金融机构进行过度举债或不良举债后到期无法偿还债务造成严重影响的可能性。过度举债是指借款金额超过还款能力的举债行为；不良举债是指以借款维持日常运转的举债行为。其又可具体分为：

①利息风险。借款是要付出代价的，这种代价就是利息。对于高校而言，借款资金本身不能带来收入，更无盈利可言，利息费用只能通过学校的事业收入来弥补。举债金额越大，所付利息越多，日常运行费用中的有形效益支出比例越低。在事业收入一定的情况下，利息支出的增加必然减少人员经费与其他公用经费的支出。“从高校财务运行的经验数据来看，当一个学校的利息费用超过其收入的 10% 时，该校人员经费与其他公用经费的原有规模便很难保持，甚至会萎缩”。

②偿债能力恶化风险。高校使用借入资金与企业使用借入资金不同。企业借入资金的本金仍然没有耗费，它还是以某种可以偿还债务的形式存在；而高校对借入资金的使用实际上是一种最终耗费，其结果是不但不能弥补利息支出，还需要用其他资金来偿还本金。因此，高校举债实际上是对未来收入的提前使用，而未来收入能力的不确定性和未来支出压力的扩张性使高校的财务风险难以估量。即使支出压力按现有收入能力同步扩张，本金偿还的需求也会使未来财务结构趋于恶化，最终导致偿债能力降低。

③信用等级下降风险。当前银行大力推崇向高校放贷，就是因为高校信用记录良好，收入来源稳定，并且在性质上是国有公办。而一旦出现高校到期无法偿还债务的情况，必然直接影响到高校在银行心目中的信用等级，并对高校将来的融资造成困难，使得高校将来的现金流入可能性及筹资能力大幅降低。

（2）高校投资风险

笼统地说，企业的投资活动可以分为长期投资和短期投资两类。长期投资风险主要是现金净流量风险，而短期投资主要面临资产流动性风险。高校情况与此相似。高校的投资活动所形成的资产主要有四类：

①教学用固定资产；

②后勤经营性资产；

③校办产业；

④股票、证券等金融资产。

这四类资产中，能够给高校带来净现金流入的，只有后面三种。然而从现实情况来看，全国高校大部分校办产业都处于微利甚至是亏损经营的状况。投资金融资产的高校，也不乏在证券市场上遭到惨败的现象。只有后勤经营性资产在后勤开始社会化这几年，可以说经营得蒸蒸日上。然而由于体制上的问题，后勤经营性资产能给高校带来的现金流量的增长往往有限。因此，从长远来看，高校存在长期投资风险。同时，除了金融资产，其他资产都是无法快速变现的。从短期来看，高校的资产变现能力天生就比企业差，还有资产流动性风险。同时，这几年高校扩招之风甚烈，存在严重的过量投资现象。这种过量投资主要体现在基建项目上，表现为高校没有考虑到自己的资金实力，盲目进行大量的基础设施、实验设备等方面的投入，超过了高校正常的资金负荷，从而加剧了短期的流动性风险。

（3）高校经营风险

无论是“过度投资”还是“过度负债”，归根结底都是决策者作出了不符合高校实际情况的决策。错误决策的作出既有可能是内部控制过程的失效——决策者不必为自己的决策负责，也有可能是人员的缺乏——决策者本身就不具备必要的专业素养。BASEL Ⅱ（巴塞尔协定）从内部控制的角度作出了有关经营风险的定义：经营风险是由于内部控制过程、人员或系统缺乏或失效，或外部事件引起损失的风险。

毫无疑问，高校财务风险是经营风险的外在表现。而社会主流产业更侧重于外部实践，将经营风险定义为“企业在商品的生产与销售过程中所面临的由于市场与技术变化而引起的种种风险”。因此，本书结合这两者将高校的经营风险定义为：由于高校在市场经济条件下从事教学科研等服务活动，其资产受到流失可能给高校和高校产业带来各种不同程度的风险问题。其核心是由于高校委托代理关系，而使高校资产配置遭受资产损失的种种风险。需要特别注意的是，相对于企业财务风险而言，高校财务风险是制度性缺陷在高校财务状况上的外部体现，是一种制度性财务风险。因此，对于高校财务风险的管理，更为行之有效的是从高校制度方面入手，而不是仅仅采取一些技术手段。

（三）财务预算对降低高校财务风险的重要性

预算管理是采用价值形式对经济活动进行预测、调节、决策和目标控制的管理形式，是财务控制的先导，是开展各项经济活动的基础。全面实行管理是集事前、事中、事后监管于一身的一种现代监控手段。它是高校财务管理的核心内容之一。两者概念相比较，不难看出预算管理与财务风险是计划与计划所产生的结果之间相互影响的关系，预算管理可以控制并预防财务风险的出现，而财务风险所产生的负面影响也会直接打乱财务总体计划的运转。下面阐述通过财务预算的有效实施抑制财务风险发生的途径。

1. 选择科学的适合自身的预算编制方法

选择科学的适合自身的预算编制方法，即以零基预算为主、滚动预算为辅的预算模式。对于一般支出业务的计划可以用零基预算，比较简单明了，还有助于对当年支出收入的具体数据进行总结。涉及高校发展的重大项目和高校发展的中、长期计划，可以用滚动预算法编制预算，可以弥补年度预算的缺陷并能根据当前预算的执行情况及时调整和修正，使预算更加切合实际，进而实现整体支出结构的优化。

2. 预算中经费分配方式是否合理直接关系到高校资金运转失衡风险的大小

高校各部门各院系的经费在每年预算中按部门按计划已有明确规定，预算一旦通过，各部门就要严格按照规定执行，不能超支，也不能挪用，有效控制财务支出结构中日常性支出膨胀，使财务收支维持平衡，遏制支出不足与过度浪费的现象。

3. 全面考虑预算收支，对投资风险控制有极其重要的作用

近些年，高校加大扩招力度，单纯地认为扩招可以增加学校的事业收入，解决资金困难的问题。但是，扩招对于高校来说就是一种投资，它给高校带来了学生学费、住宿费收入的增加，但增收不减支，增收不增效，学费等收入并不能完全用于建设和发展，有相当一部分要用于满足学校由于学生数量的增加，而同步增长的教学教辅设施、设备以及师资队伍建设方面的经费需求，用于高校由于内部管理体制改革而增加的教学成本，从而给高校的运营带来了潜在的风险。所以，不能一味地追求“收入”的增加，它所带来的一连串的投入必然会给学校带来相应的风险。

4. 预算中对贷款规模及方式的控制可以降低信贷风险

高等学校在财政资金和学校自筹收入不能满足建设需求的情况下，大多利用银行贷款解决问题。部分高校对贷款的风险认识不够，还贷的责任意识不强；个别高校对贷款的论证不充分，贷款规模大大超出高校的经济承受能力；有的高校缺乏勤俭办学的思想，不切实际地依靠贷款铺摊子、上项目、盲目追求高标准，

存在借款金额超过还款能力的过度举债现象。而且，现在还普遍存在贷款方式不科学的现象。高校银行贷款有两种，一种为项目贷款，周期长、风险可控性较强。另一种为流动资金贷款，期限短、资金流动性强、资金利率较低、资金使用率高，负债成本相对较小。其中，我们要考虑的是高校贷款不论期限长短，最终都要通过现金来偿还，如果不考虑负债风险系数的大小，一味追求低成本，过多地选用第二种贷款方式，就会导致负债风险的短期积聚，在没有适当的现金保证的情况下，就会形成还款困难，出现资金链断裂的财务风险。所以，贷款的筹集方式、数量及还款计划要在每年预算管理中做出详细科学的计算说明，做到“计划”与“实际”相辅相成。

5.学费欠缴数额直接关系到预算收入估计数的合理性

如今，国家虽然出台了一系列扶助贫困生的政策，但是由于困难学生日益增多，经济危机的到来又使一部分家长失业待业，学校欠费现象只增不减，这就要求预算管理人员对学费缴纳情况如实汇报，这样才能对学校的真实收入有所反映，不能因为忽视部分而影响整体，支出超出收入越多，给学校财务带来的潜在风险也就越大。

6.预算的严格审批制度有效地控制了高校的决策风险

如今，随着高校各种资金问题越演越烈，使学校决策阶层也越来越重视预算中各种数字的反映，他们的日常批示甚至是重要重大决定很大程度上是以预算指标为依据的，量力而行，作出切合实际并有效的决策，摆脱了原有的“预算规预算，决策规决策”，学校发展与现实条件相脱节的不科学现象，有效地控制决策风险。

7.实行大额贷款备案制度

对大额贷款严格审批、专款专用、封闭运行、跟踪监督、考核效益。对贷款项目实行目标分解、公开招标、日常检查、验收考核的办法，形成对贷款资金使用管理机制。为便于全面掌握高校贷款规模和风险状况，加强宏观管理与监控，及时采取措施防范财务风险。

8.重视预算分析预算执行的促进作用

预算分析是预算管理的后期工作，是对预算实施过程进行的总结与评价，包括支出与预算的比较、收入与预算的比较，相关因素的分析、评析的文字说明和合理的建议等。可以发现预算管理中的可行之处和存在的不足，取长补短，使财务管理工作进入科学化、制度化、规范化的轨道。

9. 规范预算管理必须加强制度建设

学校要根据上级的有关规定，结合自己的实际，制订出适合本学校财务管理的有关规章制度，如审批权限管理、国有资产管理、内部收费管理、电话费管理、水电费管理、招待费管理、差旅费管理、医疗费管理等，建立健全内部牵制制度和内部控制制度，使大家做到有章可循，严格按规章制度办事。

总之，预算就是在做一项根本性工作，那就是把收入有计划地花出去，给学校带来最大的“利益”，这种利益就是让学校平稳发展并能逐步改进教学等总体指标，而把可能带来的财务风险控制在最低。

第三节　高校预算管理的特征

高校的预算管理，实质就是高校战略目标实现的一个过程，随着高等教育体制的改革和高校的不断发展，高校预算管理呈现出一些新特点。

一、资金来源逐渐多元化

一直以来，我国高校的经费来源基本是靠国家财政拨款，经费的使用在一定程度上就受到了限制，编制预算时也就必须按照上级部门下达的标准来做，因而各部门也只能接受学校的各项预算任务。随着高校管理模式得到改进，高校经费缴纳渠道也出现了改变，不再仅仅是依靠财政拨款，而是形成了以政府拨款为主，多种渠道筹措资金的模式。目前，虽然高校收入还是以财政拨款为主，但是也有学生学费、住宿费、考试收费等行政事业性收入、科研收入、校办企业创收及社会培训收入等多元化收入来源，高校收入也得到了很大程度的增加。

（一）我国高校教育经费来源结构的历史演变

高校教育经费的来源结构指组成高校教育经费的各个来源部分在整个高校教育经费来源中所占的比重。不同历史时期，由于国家、社会各方面的发展情况和发展程度的不同，高校教育经费的来源渠道以及各渠道在整个高校教育经费的来源中所占的比重都不同。现阶段，我国高校以政府拨款为主，多元化渠道筹措教育经费的局面已经打开，而且收获颇丰。但多元化渠道筹措教育经费的局面并非一蹴而就，它是伴随整个国家、社会的政治、经济、文化等各领域的发展而共同进步的。回顾我国高校教育经费来源结构的发展历程，大致可以分为两个阶段。

1. 国家财政拨款为主时期的高校教育经费来源结构

国家的教育与其政治、经济等关系密切。改革开放初期，我国的经济由计划经济向中国特色社会主义的市场经济过渡，伴随国家经济体制的转型，我国的财政体制也发生了变化。

首先，1980 年 2 月，国务院颁布了《关于实行“划分收支、分级包干”》财政体制的暂行规定，中央集权式财政体制开始瓦解，实行对地方政府放权，相应的高等教育经费拨款模式也由原来政府包办、渠道单一演变为中央与地方政府分级负责的局面，且主要依靠地方政府，中央财政则更多的是担任宏观调控和规划的角色。这样做一方面强化了地方政府兴学的自主性和积极性，在这一过程中，地方政府充分调动广大群众投资高校的积极性，出台一系列有助于教育经费筹措的政策和措施，组织各种形式的捐资集资活动，为实行多渠道筹措教育经费的路子迈出了重要的一步。但另一方面也增加了地方政府发展高等教育的压力，加大了地区间教育发展不平衡，不同层次的高校间发展差异的矛盾。这种变化，客观上也要求改变我国现行的一元教育经费来源结构，建立新的教育经费分担机制。

其次，这一时期，由于国家大力发展高等教育以及高等教育规模迅速壮大和政府财政能力薄弱的现实矛盾使得政府也做出了许多尝试性的改革，如引入了国外的成本分担理论，向受教育者收取学费的制度开始实行等。此外，政府还通过颁布一系列法律法规和优惠政策，鼓励高校充分利用本校的科学技术资源和人才优势自筹资金，赋予了高校开展创收活动的自主权，也注重高校内部教育经费使用的效率和监管。同时鼓励社会力量积极投资高校的发展，由此拓宽了我国高等教育经费的来源渠道。这一思路的转变既是缓解教育经费短缺的需要，也是进一步深化改革、转变办学机制和社会教育投资观念要求。

由此可见，这一时期，虽然政府财政拨款仍然占据绝对性主导地位，但是我国高校教育的经费来源渠道已经发生了变化，出现了政府财政拨款以外的其他的新兴渠道，多元化渠道筹措教育经费的态势已经萌芽。虽然所占比例很少，但呈现上升的趋势，显示了其无穷的潜力和发展空间，也为以后我国高校教育经费的筹措开辟了新的方向和道路。我国高校教育经费的来源结构逐步向“多元化”转型。

2. 多元化渠道筹措经费时期的高校教育经费来源结构

这一阶段的重点是如何引入社会资本投资高等教育，全力拓展高校教育经费的来源渠道。1989 年，国家在《关于改革高校毕业生分配制度报告》中提出收取学费的政策，1997 年，学费制度全面推开，再加上国家在 1995 年颁布的《中华人民共和国教育法》和 1998年颁布的《中华人民共和国高等教育法》中都明确规定了国家建立以财政拨款为主，其他多种渠道筹措教育经费为辅的体制，高校需努力提高自筹资金的能力，并鼓励社会力量和个人积极投身于高校发展的投资中来，逐步增加对高校教育的投入。自此，我国高校教育经费来源结构发生了根本性的改变。

我国普通高校在这一时期教育经费来源渠道的多元化局面已经初具规模。从 1999～2007 年这短短的 9 年时间，高校教育经费总量从 707.728 亿元上涨到了 3634.185 亿元，上涨了 4.13%。而国家财政性教育经费则是从 44.1601 亿元上涨到了 1598.319 亿元，可见国家对高等教育的重视和努力程度。但是国家财政性教育经费占教育经费总额的比例却是从 1999 年的 62.53% 下降到了 2007 年的 43.98%，下降了近 18.6%。这充分说明了随着我国经济体制的转型，财政体制、教育体制的改革，我国高等教育经费来源渠道的多元化局面已经打开，非财政性高等教育经费已经在高校教育经费来源中占据重要位置。

我国当前的高校教育经费的来源主要由五个部分组成：

①财政性教育经费，它包括财政预算内教育经费（高等教育事业拨款、科研拨款、基础建设拨款等项目）、各级政府用于征收教育的税费、企业办学教育经费以及校办产业、勤工俭学和社会服务收入中用于教育的经费等。

②社会团体和公民个人办学经费，指社会团体和公民个人举办的、各级各类学历教育和非学历教育机构的教育经费与实际教育支出。

③社会捐资集资办学经费，指社会组织、企业和私人力量对教育的资助和捐赠的经费。

④向受教育者个人收取的学杂费。

⑤上述各项教育经费以外的其他收入。组成高校教育经费来源的这五个部分的收入差距较大。主要还是以政府财政拨款和学杂费为主，其他经费来源渠道还不够稳定，潜力还没有得到充分的开发。

这一时期的高校自筹资金的能力及社会力量和个人投资高等教育的力度都大有改善，收效颇丰，大大缓解了政府投资高等教育的财政压力。但是另一方面，我们也要看到目前高校教育经费的各个来源渠道仍然具有很大的发展潜力和上升空间，其中尤其要重视积极正确地引导社会力量投资高校发展，进而改善我国高校现行的教育经费过分依赖政府财政拨款和向学生收取学杂费的二元化局面，最大程度实现教育经费来源结构的多元化。

综上所述，我国高校教育的经费来源结构因整个社会的经济、政治、文化的影响，所经历的大致就是一个从经费来源渠道单一化向多元化的转变，由政府财政拨款为主导向国家、社会、学校、集体与个人的多元化投资思路的转变。

（二）高校教育经费来源结构多元化的可行性分析

我国高校教育经费来源结构的成功转变有着其理论和实践的可行性。一方面，迫于政府财力的限制与高等教育发展的速度，政府无法随高等教育规模的扩张和质量的提升而同步增长财政投入，要改变这种状况，高校需要扩大教育经费来源的渠道，政府也需要转变思路，由政府主导、渠道单一的融资思路向多元化的投资思路转变。因此，高校教育经费来源结构多元化有其现实的迫切性。另一方面，根据约翰斯通的高等教育成本分担理论来看，高等教育从其本质上不仅是一种成本很高的产业，还是一种成本递增的产业，它必须反映并代表社会上最先进的文化科技水平，配置先进的现代化教学仪器设备，因此，高成本的高校教育经费不可能单纯地由某个个体来承担。

高等教育是有投资、有收益的活动，能够同时满足多个主体的需要，收益上包括国家、受教育者及其家庭、纳税人、企业、大学，因此，根据市场经济受益者付费的原则，高校教育的成本必须按照一定的比例由这些主体共同分担。教育成本分担原则也就意味着高校教育经费由谁及如何支付的问题，即高校教育成本如何在政府、社会、企业团体、个人、家庭等社会各方之间合理分担并最终实现的问题。这就为高校教育经费来源结构的多元化奠定了理论的基础。

此外，我国高等教育领域还存在着贫富差距悬殊的问题，根据公平效率理论，当前，在我国高等教育领域，必须在“公平与效率相统一”原则的基础上，做到教育资源的优化、合理、公平地配置，实现不同层次高校的共同发展。

二、财务风险增大

高等教育的改革给高校带来的不仅是机遇，同时也存在着许多挑战。高校为了寻求自身的发展，扩大招生规模、扩建校园、增添教学设备等，这些举措都需要资金的支持，但是高校的收入来源相对是有限的，为了抓住机遇寻求发展，很多高校都选择了向银行贷款。资金的问题虽然得到了解决，但是负债运行这种发展模式也给学校财务增加了许多风险。每年高校所需支出的利息就是一笔不小的数目，而高校目前对资金的需求还是很大的，但是收入却比较有限，还款能力有限。长期的利息支出给学校的财务带来的负担是显而易见的，因此预算管理必须要降低逐年增加的财务风险。

（一）我国高校财务风险的主要表现

1. 财务管理风险

（1）资本预算的风险

高校的总体筹划与资本预算之间存在着密切的关系，资本预算本质而言就是总体筹划在财务上的翻版，没有充分筹划的资本项目会给每一所学校带来巨大的财务负担，例如，新校舍的建设、现有建筑物的翻修、电脑等设备的更新、基础设施的改善、土地的征用等，并不是所有高校都经过长时间的周详筹划，而没有很好筹划的结果则通常导致专项经费的挪用、现金净流量的骤减等财务风险，并容易导致资产的不良配置。

（2）内部控制风险

许多高校建立的财务管理系统，由于机构不尽合理，管理人员素质不高，财务管理规章制度不够完善，对外部环境不利变化不能进行科学的预见，反应滞后措施不力，产生财务风险。有的高校财务，为套取银行信用，把本来显现的财务风险“隐藏”起来，粉饰学校的财务状况，盲目扩大高校借款规模，其结果势必形成更大的潜在风险。一些高校财务工作中，内部牵制机制不健全，会计工作秩序混乱，导致一些思想境界低的财务人员，为了个人或团体的利益而不顾学校和国家的利益，将公款私存、挪用公款或搞账外账，造成国有资产的流失，给学校和国家造成巨大的损失。

（3）资源浪费风险

各高校都面临着发展的问题，在资金的来源上都普遍存在着资金紧张的问题，但在资金的使用上却又存在相当惊人的浪费，如各项大修小修费用居高不下、资产重复购置、资产闲置等，以及职务消费、公物私用等不良行为随处可见，这也是不少企事业单位所面临的共同问题。

2. 投资风险

（1）校办企业投资风险

①校办企业财务风险。高校的校办企业为社会创造了价值，也为高校创造了收益，在高校发展中非常重要。然而，在其生存和发展中，高校校办企业也存在很多问题，如产权不明确，事业与企业债权不分，校办企业的经营管理水平、技术力量以及人员素质还远不能与社会上一些企业特别是大中型企业相比，在市场

竞争中显得力不从心。因此，虽然很多高校公司林立，却是办得多，办成得不多，有的亏损，有的倒闭，有的债台高筑，投资长期无法收回，反而使高校背上了沉重的包袱。

②校办产业连带责任风险。随着高校的不断改革与发展，校办产业逐渐脱离主体，形成自负盈亏的独立性组织。而校办企业由于没有法人资格，不能独立承担民事责任，其财务风险实际上仍由高校来承担，学校作为校办产业的主要投资者，理所当然对校办产业负责任；一旦校办产业清算破产，学校也会负连带责任，要承担投资份额的校办产业财务风险，因而会对学校财务状况造成影响，形成学校财务风险。

（2）其他投资风险

其他投资主要是高校利用沉淀资金对外进行的债权股权投资以及学校由于自身发展的需要对办学条件和办学规模的投资。学校扩大办学规模的投资主要包括高校基建投资规模巨大导致的财务风险，以及专业学科及其配套设施建设投资持续增长所导致的财务风险。

3. 负债风险

高校负债风险是指高校向银行等金融机构过度举债或不良举债后产生的严重影响教学科研和人才稳定等不良后果的可能性。过度举债是指借款金额超过还款能力的举债行为，不良举债是指以借款维持日常运转的举债行为。

近些年，各高校连续扩大招生规模，高等学校内部的专业设置、招生计划、学生就业、后勤管理等方面都发生了深刻的变化，办学过程中的经济行为也趋于多元化，办学条件与教育发展之间的矛盾日益突出。高等学校在财政资金和学校自筹收入不能满足建设需求的情况下，大多利用银行贷款解决问题，高等学校在利用银行贷款加快教育事业发展的同时也出现了一些不容忽视的问题。部分高校对贷款的风险认识不够，还贷的责任意识不强；个别高校对贷款的论证不充分，贷款规模大大超出高校的经济承受能力；有的高校缺乏勤俭办学的思想，不切实际地依靠贷款铺摊子、上项目、盲目追求高标准，存在借款金额超过还款能力的过度举债现象。

（二）高校财务风险的主要成因

1. 高校普遍缺乏风险管理意识

（1）高校法人主体和经济责任的缺失

《高等教育法》规定高等学校是一个法人主体，承担一切法律民事责任。但是，长期以来高等学校又是一个事业单位，从其投资主体和性质来说，具有单一的国家投资主体和非营利性组织性质。所以，高校的管理者往往并没有把高校真正作为一个法律主体的意识，而高校一旦缺失市场主体经济人地位，其经济行为则不符合经济规律，这种不符合经济规律的经济活动会导致高校出现财务风险。另外，目前高校负责人实行任期制，贷款发生甲领导的任期内，但还款却是乙领导任期内的事情，这种聘任体制在一定程度上也加大了贷款风险。

（2）高校自身定位过高和盲目发展

现在很多高校领导利用教育大发展的机会将自己的定位定得太高，只顾扩大规模，盲目扩大招生，少数学校缺乏勤俭办事业的思想，对国家教育政策理解偏差，于是随着校区发展加大，贷款规模将随之扩大，负债投资的成本与收益不匹配，导致潜在的负债风险。学校重视的只是政府按学生定额的拨款和向学生收取的学费收入，而学生的定额拨款和学费收入只是学校用于正常支出的收入，它并不是高校的投资，在国家投资主体不增加基本建设投资的情况下，高校发展资金是缺位的，这使得高校面临资金支付风险成为一种可能。实际上，高校在国家高教事业发展中代替国家履行了部分职能，而这正是高校管理者缺乏财务风险意识的根本原因。

（3）政府埋单侥幸心理的存在

由于长期以来高校经费主要来源于国家财政拨款，其财务活动基本没有独立的投资政策，所有资金来源由国家统一供给，资金的运用也必须按国家计划进行。在这样的模式下，已经习惯于无偿使用资金，对贷款资金认识不清，缺乏必要的资金成本观念和风险意识。部分高校在贷款时，没考虑到还贷能力以及潜在的风险，在思想上没有考虑今后如何支付利息，以及到期如何归还本金的问题，普遍怀有学校贷款、政府“埋单”的想法，缺乏偿还意识。

2.高校扩招，国家经费投入不足

随着高等教育改革的不断深入，我国高校各项事业取得了快速发展；学校规模从“精英教育”过渡到“大众教育”，办学质量和学术水平不断提高。但是，高等教育事业的快速发展也给高校财务管理带来了极大的考验和挑战。

近年来，无论是国家还是地方财政对高校教育经费的投入虽然年年在增加，但由于是穷国在办大教育，资金投入与高校办学规模的扩大所需经费无法匹配，教育投入增长的速度低于国家经济发展的速度，教育经费投入的增长率停滞不前，甚至有些年份还呈下降趋势。

办学规模的扩大，办学条件的改善对资金的需求急剧扩大，扩招后，全国高校共投入5000亿元，其中政府投入仅有500亿元，因此教育投入不足，仍然是当前和今后教育改革和发展中更大的问题。财政拨款的绝对数远远不能满足高校发展的需要，高校教育经费的增长没有得到落实。

此外，高校的收入来源虽然有“财、税、费、产、捐、基、科、息”等，但对大多数高校来说，学校收入主要是财政拨款和学校的学费、住宿费收入，这些资金除维持学校正常的教学科研活动外所剩无几，远远满足不了高校建设资金的需要。

办学条件的“瓶颈”迅速转变成了资金“瓶颈”，因此在财政拨款、学校自筹收入等无偿性的财力支撑远远不能满足短期内学校建设对资金需求的情况下，我国高校必须且只能通过举债解决资金的缺口，这就是我国高校财务风险形成的主要客观原因。

3. 预算管理约束不力

（1）高校财务缺乏长期规划

在客观方面，由于我国高教事业正处在高速发展和变革时期，高校的长期事业规划较难编制；在主观方面，很多高校短期行为严重，不重视高校长期事业规划的编制，使得高校很难编制出学校的长远财务规划。高校财务缺乏长期规划使得高校盲目贷款，不考虑银行贷款在将来还本付息的收入来源。

由于高校的非营利性以及社会性，很少有高校在基建项目上马前组织专家进行论证，分析项目的可行性和必要性，更何况目前我国也没有针对这方面的评价标准，使得高校对贷款规模、贷款方式、贷款期限、贷款风险缺乏专业论证，更谈不上制订切实可行的还款计划。

（2）高校的预算编制存在问题

有银行贷款的高校，正确的预算编制则是将需要支付的银行贷款本金和利息一并编入财务预算。而现在很多高校的日常收支预算都留有赤字，根本无法考虑银行贷款的还本付息，导致一些高校很难避免财务风险。

（3）高校对支出预算控制不力

其主要表现为财务支出缺乏有效的制度规范，高等学校行政机构改革滞后，财务支出结构中日常性支出膨胀，财务支出管理方法落后，支出不足与浪费并存，加大了财务收支平衡的难度。

4. 风险监控效率低下

（1）制度落实不到位，风险监控不力

一些高校虽然根据相关文件和法规制定了相应的规章制度，但是并没有重视落实和执行；同时，针对高校对领导干部的经济责任审计也由于缺乏相应的惩罚机制无法追究个人责任，或因审计本身的独立性问题及时发现问题也不敢揭露，导致经济责任审计流于形式。总会计师制度和会计委派制度的作用未被重视，财务治理结构有待创新。

（2）内部控制制度不够完善，导致违法违规行为时有发生

一方面，从整个学校来说，不少高校的内部控制制度不健全，导致领导决策随意化，为后面的风险埋下了隐患；另一方面，学校内部财务制度、管理制度不健全，在业务操作和管理上缺乏应有的控制流程，非程序化行为严重，造成学校资产大量流失，比如，私设“小金库”、商业贿赂、挪用国家资金等。存在问题最突出的是基建、图书采购、设备采购等管理部门。

（3）缺乏风险监控相关的运行机制，导致风险监控实施困难

高校财务风险监控的有效运行，必须借助有效的信息传递机制和有力的风险监控工具。但是，目前高校的财务信息前瞻性不强、指导性不高。原因在于财务工作定位于“核算型”，注重财务数据的核算正确与否，忽视了效益分析、管理决策的功能，无法及时发现潜在的风险，更不用说风险的大小和影响的范围。而以社会审计、政府审计和内部审计等风险监控工具相结合形成一个监控网络，有利于全面和快速地发现和控制风险。但是，目前高校在行政隶属关系或发展需要必须认真接受政府审计外，内部审计流于形式，而社会审计几乎从未考虑。

（4）缺乏对关键领域的重点监控，导致风险监控效率不高

高校财务风险发生的关键领域主要在对外投资、贷款、基本建设、大宗物资采购、校办产业等方面，而目前高校对于这些方面并未引起足够重视，未采取事前重点监控的措施，导致其财务问题不断发生。

三、预算更加注重绩效

高校的运作不以赢利为目的，并且有国家补助和学费等收入支持，且很少注重教育成本的核算。随着高校财务管理的不断发展和完善，管理者也逐渐认识到办学收益的重要性，逐渐开始注重对成本的核算。高校一直在绩效方面的考评都不注重，体现在考核过程中就是缺少明确的标准，没有规范的考核方法，导致资

金使用效益不高，因此今后在实施预算管理时，应更注重绩效考评。

（一）预算监督

预算监督的作用在于促使学校各部门改善自身管理，加强财务核算，努力增收节支，开源节流；对于预算编制及执行中违法行为进行监督检查和管理，以便实现预算的收支平衡，从而保证教育经费资源的合理运用，圆满完成高校财务预算收支任务。

1. 财务监督的必要性

（1）加强财务监督是市场经济的要求

随着社会主义市场经济体制的逐步建立和教育体制及拨款制度的改革，高校将逐步面向社会，要在社会需求和市场竞争中求生存、谋发展，以前那种“花钱向上报，花完向上要”的思想已经不能适应改革的要求了。要做好财务监督，高校在编制和审核预算的过程中，则要考察经费支出是否符合耗费少、效益高的要求；是否符合国家计划和政策的要求；是否符合收支的管理原则；是否有利于教学、科研事业的发展。

总之，要考虑一切开支是否符合财经政策和财经纪律的规定和要求。不管是预算内还是预算外，不管是账内还是账外，都要处在财务的监督管理之下。因此，建立和健全学校内部管理制度，加强财务监督，是新形势下高校得以加快发展的需要，也是高校进一步适应社会主义市场经济的需要。

（2）加强财务监督，促进学校资金的合理使用，提高资金的使用效益

高等学校与企业的生产经营活动不同，它的经济效益不能被直接看到。由于教育具有生产性及教育的过程存在着人力、物力及财力的耗费问题，“如何用最小的投资取得最大的成果”就成为高校要面临的一个问题。众所周知，人才是学校的成果，尽管它的经济效益不容易被计算和衡量，但它却具有社会价值。其价值一方面表现为所生产的教育成果对社会的贡献，另一方面表现为在培养人才的过程中所消耗的人力、物力和财力。高校财务监督就是要监督学校用尽可能少的耗费获得尽可能多的社会效益。要达到上述目的，是多种因素综合产生的结果，合理使用资金是其中一项重要的因素。

（3）加强财务监督，维护财经纪律

在经济改革中，各地区、各单位的自主权扩大了，自己可以支配的财力多了，国家、单位之间的关系发生了变化，出现了一些只顾个人利益而不顾国家利益，分散国家财务，滥用国家资金等违反国家财经纪律的现象。在对高等学校财

务大检查中也发现了不少违纪现象，有的单位违反国家控购商品规定；有的单位出借账户，私设小金库，擅自提高开支标准，扩大开支范围，改变资金使用方向；有的单位审核不严，出现财务漏洞；等等。造成上述违纪现象的原因是多方面的，但财务监督不力是重要的原因之一。在经济体制改革中，经济越是搞活，财力越是扩大，就越是需要加强财务监督。这对于规范和加强财会工作，促进会计工作更好地为教学和科研服务及建立和发展社会主义市场经济，具有重要作用。

2. 怎样实现有效的财务监督

（1）加强事前和事中监督

财务监督可分为事前、事中和事后监督，尤以事前、事中监督更为重要。这是因为在经济活动开始之前，预先算账，就有可能选择一个劳动耗费少、经济效益高的计划方案，通过事前计划预测提供可靠信息，还可有效地参与决策和控制。制订预算是这样，执行预算也是这样。例如，在高等学校人员经费管理工作中，若不在事前控制好人员编制，盲目调入不适用的人员，就会造成人员经费开支比例过大，挤占其他资金的局面，而且还可能给不正之风造成可乘之机。再如，对材料的管理，如果不事先确定平均消耗定额和储备定额，就会很难在保证完成计划需要的同时节约资金。

（2）把好财务工作的重要环节——审核报销

审核报销属于内部审计的范畴，是单位内部制度的一部分，它起着保证会计质量、有效监督日常经济活动、及时掌握经济动态、维护财经纪律的作用。审核就是对一切物资的收发、保管，固定资产的购入、调入、调拨等都要进行层层把关，这是财务人员利用岗位职责来保护财产、保证高校教学与科研工作正常秩序的重要环节。因此，财务人员必须熟悉财务制度，坚持原则，把好审核报销关。要做好这项工作，除了要求担任审核报销的工作人员要尽其职责外，还应设置专职或兼职审核人员，对财务工作进行全面的、经常性的监督和检查。使财务人员能够及时掌握经济情况，并据此进行财务战略分析，从而为领导决策提供真实、准确、全面的会计信息资料。

（3）完善审批制度，明确岗位职责

法纪不严，责权不清是引发经济犯罪行为的一个重要原因。因此，要建立严密的审批责任制，明确规定用钱部门与职能（财务）部门的审批权限范围，并将其明确在会计人员和机关领导人（分管财务）的岗位责任中。例如，教职工因出差借款、报销时，需所属单位的负责人就其出差任务、目的地及所需时间等进行审批，而不应千篇一律地签署“同意”或“按规定报销”。只有所属单位把住了这一关，财会人员才能够按照财务规定审核计算出应借款的金额及判断该出差报销单据是否符合出差路线等，而不应该对借款人“借多少就给多少”。

（4）提高财审人员的素质

财审人员的素质对保证财务监督工作的严格执行极为重要，也是实行财务监督的先决条件。财审人员的素质表现在两个方面：一是在政治方面，要求财审人员一定要作风正派、廉洁自律、忠于职守、敢于坚持原则；二是在业务方面，要求财审人员不仅要精通业务，还需要熟悉各单位的管理工作，如果自己业务不精或比别人差，就难以进行有效的管理。

（5）领导大力支持

领导要从自身做起，带头遵守财经纪律、制度。财审人员在行使监督的过程中，将涉及诸多方面，有的甚至还会涉及某些领导，财审人员在处理经领导点头同意或经领导批准的这些问题时就比较棘手。这时，就需要领导挺身而出，支持财审人员的正确行为。并以事实为依据，以法律为准绳，及时处理有关问题，对违法人员还要给予教育、行政处分，乃至追究其刑事责任。

（二）预算评价

预算的评价是采用科学的方法，定性或定量的分析方法对预算管理进行评估，从而达到加强预算管理、优化资源配置、提高财政资金使用效益的目的。学校要建立对各部门预算执行情况的评比考核机制，考核其经济活动的真实性、合法性、有效性以及重大项目的科学性。

1. 预算评价的基本原则

国内外许多专家对绩效评价的原则作了种种归纳，虽然结论不尽一致，但是作为整体结构的“3E”原则却是公认的，曾被西方学者认为是绩效考评的“新正统学说”。20 世纪 80年代以来，西方国家从绩效审计理论和实践中汲取营养，并借鉴其他学科理论发展的成果，提出了“3E”绩效评价原则，即“经济性（Economy）、效率性（Efficiency）和效果性（Effectiveness）”。“3E”在绩效评价过程中，针对评价对象、评价目的的不同各有侧重，三要素之间互相区别，又互相联系，构成绩效评价的标准体系，并成为绩效评价的基本原则。

（1）“3E”原则的内涵

①经济性。经济性是指在维持特定水平的投入时，尽可能地降低成本或充分

使用已有的资源以获得最大和最佳比例的投入，它反映的是投入成本的最小化程度，考查的是成本与投入之间的关系，其实质是支出的节约问题。

经济性是西方各国开展公共支出绩效评价工作的主要初始动力之一，主要目的是解决公共支出活动中资金严重浪费和资金分配不均等问题，以便在各个公共部门和公共项目支出中建立更为有效的支出决策机制和支出优先排序机制。经济性考评的重点在于说明花了多少钱或是否按程序花钱。当然，成本本身并不能衡量服务的效率和效果，单一使用成本衡量不能满足绩效考评的要求，因而随着西方国家社会经济的发展和公共支出规模的不断扩大，单纯的经济性原则在评价中的地位和影响逐渐被效率性和有效性原则所取代。

②效率性。效率性是指在既定的投入水平下使产出水平最大化或在既定的产出水平下使投入水平最小化。它一般通过投入与产出之间的比例关系来衡量，反映的是产出成果的数量最大化程度，其实质是支出的效率问题。

效率性原则是西方各国政府及社会各界对公共支出在项目决策机制、项目实施进度比较、项目经济和社会效益取得等方面要求的具体体现。效率性原则在世界各国公共部门绩效考核与公共支出效果评价中都占有十分重要的地位，尤其是在公共部门绩效考核工作中，效率性原则被作为建立高效率政府的主要追求目标之一。

③效果性。效果性是指产出最终对实现目标的影响程度，包括产出的质量、期望得到的社会效果、公众的满意度等。它一般涉及产出与效果之间的关系，表示的是产出成果的质量水平、实现过程及其社会经济影响，其实质是支出的最终成效问题。

效果性原则是西方各国在对公共支出资金评价从经济性到有效性的转变，以及对财政资金的管理从收入管理到加强支出管理的转变过程中提出的，是通过实施公共支出绩效评价工作加强对宏观调控效果管理的重要体现。之所以考虑有效性原则，是因为一些项目运行可能很有经济性和效率性，但同时却不是有效的。当公共支出所追求的目标已不再是单一的经济性时，其效果、效能的最大化就显得相当重要了。

也就是说，在进行财政支出绩效评价时，如果仅从当前的效益来衡量与评价财政支出的好坏程度，不充分考虑其长远效益是不够的。如果将评价工作的重点放在对支出的有效性上，会使同样的支出取得事半功倍的效果。

（2）三原则的关系

经济性、效率性和效果性之间既有联系，又有区别。分析研究经济性、效率性和效果性之间的关系，是保证政府财政教育支出绩效评价实现客观、科学、公正的前提和基础。因此，研究和探讨“3E”之间的辩证关系，对整个政府财政教育支出绩效评价是至关重要的。

①经济性与效率性。经济性与效率性之间存在着辩证统一的关系。一方面经济性和效率性都侧重于对过程进行考评，这是二者统一的表现；另一方面，经济性与效率性之间也存在着矛盾，经济性好、效率性差或经济性差和效率性好，这些是二者间矛盾的具体表现形式。如有些工程、计划或项目的经济性好，但效率性却不高，或者一些工程、计划或项目的经济性差，但效率却很高。绩效考评应努力做到二者的统一。

②经济性与效果性。经济性和效果性既是统一的，又是矛盾的。提高财政资金的运作效率是二者共同的追求目标，而经济性侧重于过程的考评、效果性侧重于结果的考评以及过分追求经济性会影响效果性或过分追求效果性会影响经济性，这些都是二者的差别和矛盾的具体表现。科学、合理的支出应该是经济性和效果性的协调一致，但有时候对一些经济性不佳却具有很强效果性的政府公共支出绩效考评应进行综合考虑和辩证分析，以避免考评的片面性。只有做到二者的和谐统一，才能充分发挥资金的使用效益。经济性应是在工程、计划或项目的质量有保障的前提下的厉行节约。但在实践中，有些计划、工程或项目为实现经济性，却失去了效果性，或者由于过于强调效果性而失去了经济性。

③效率性与效果性。效率性侧重于对过程进行考评，效果性侧重于对结果进行考评，效率是过程，效果是目的。而且，效率性与效果性并非具有天然的一致性。有的计划、项目高效率，但没有取得好的效果。相反，有的项目效率性差，但实施效果很好。实行公共支出绩效考评的核心就是保证资金使用的效果性，这是市场经济条件下，保证纳税人利益的最有效方式。资金使用的效果性是项目管理的前提和基础，而效率性是对纳税人负责的根本保障。以最佳的方式、最快的速度达到最好的结果，是效率性与效果性统一的最理想状态。在组织实施绩效考评过程中，要对不同类型的计划、工程、项目或对同类工程、计划、项目根据实施的不同阶段，评价的侧重点也不相同。评价结论应该是以实现效果性为主导地位的综合评价。

总之，绩效考评的根本目的是实现“3E”的有机结合和完美统一。如果一个工程、计划或项目能做到实施的过程是经济的、高效的，结果又是有效的，那么就达到了绩效考评的根本目的和最高境界。

2.高校预算绩效评价的原则

高校预算绩效评价的最终目的在于全面、准确、客观地揭示与披露高校财务状况和经营状况，并以对高校的经济效益优劣作出合理的排序和评价，最终形成一个科学的、客观的高校财务绩效评价结果。绩效评价指标设计内容说明了我们要做哪些工作，设计原则说明的是完成这些工作需要考虑哪些问题。根据绩效评价研究的任务要求和管理的特点，评价指标设计一般应符合以下几条原则。

（1）科学性原则

所谓科学性，是指标的代表性及其体系的完整性，要求指标不重复、不遗漏，指标之间相互具有独立性，能基本反映财务核算和绩效评价的主要特点，并具有可比性，要从政策导向的意义上抓住评价的中心。只有突出主要指标，进行综合评价才具有科学性。

（2）总体性原则

高校是一个整体，应当将事业发展、基本建设、校办产业和后勤服务等系统作为一个整体，将学校财力和院系等经济实体的财力统一起来，全面评价学校的财力状况，而不仅仅考虑校级财力的状况。这样有利于将财力实力和风险指标统一起来，正确评价学校的经济管理和财务运行状况。

（3）整体优化原则

评价体系是一个多变量输出的复杂系统，对财务管理的评价也面临着多目标的决策。因此，不能用局限性较大的单一指标进行评价，需要建立一套各有侧重又相互联系的指标群来反映大学的总体绩效，但是指标又不能太多，以免失去评价的重点。突出有限目标，强调指标的相互独立性，就是整体化原则的核心。

（4）可比性原则

建立评价指标体系的目的，是要对大学财务管理的绩效进行核算和评估，而这种评估只有通过校与校、指标与指标之间相互比较，才能更充分地体现出来。因此，必须考虑指标之间的可比性和通用性，即要求指标建立在统一的核算范围之内和相同的可比基准上，以便进行量化和比较。正确理解和如实填报具有可比性的量化指标，是本项研究工作的基础。

（5）可行性原则

设立指标体系，既要从理论上注意它的完整性与科学性，又要注意它在现实中的可行性与适用性。所以，在设立评价指标体系时，要保证指标体系所使用的全部数据均能由现有的财务资料和会计核算数据提供，这样，一方面可以充分利用财务数据，另一方面可以增强可操作性。

（6）定性和定量相结合原则

指标体系中所列入的各项统计指标应该是能够在实际中取得的数据资料，或利用现有资料加工后可取得数据的指标，应尽可能地量化。但有些高校预算绩效评价指标体系涉及面较广，有些方面可以用量化指标表示其成果，有些绩效是不能用量化指标来表示的，如社会满意度等，因此，在指标设计时有必要用定性指标表示其绩效，由被调查者判断其程度。

（7）动态完善原则

高校预算绩效评价不是一项临时的突击性的任务，而是一项长期的不断完善的动态任务。从时间上说，考核评价的时间越长，办学绩效的趋势性也就能越明显地反映出来。如果仅仅关注某一年的评价结果，就可能由于某项工作的缘故而出现偶然性的跳跃。目前的评价还很难剔除这种偶然性，但坚持动态完善，不断加以修订，就可能根据教育管理的新要求和会计核算的变化，逐年修订指标和权重系数，就能更准确地反映出各大学财务绩效的总体水平。

第四节　高校预算管理的原则

经费投入是高校各项事业发展的基本保证。加强高校经费预算管理，科学合理地分配经费是教育行政主管部门一项十分重要的工作，它对于高等教育事业的发展具有举足轻重的作用。

一、坚持“调整投向，优化结构”的原则

编制省级高校年度经费预算，应根据高校的发展变化，不断调整经费的投向，优化经费支出结构，发挥经费投入杠杆的调节作用，促进高校各项事业的协调健康发展。

（一）高等教育和其他教育的支出结构

按照大的类别划分，省级教育经费预算包括高等教育经费预算、基础教育经费预算和中等职业教育经费预算等。在编制整个省级教育经费预算时，不仅要注

意提高教育支出在财政支出中的比重，而且要合理调整各类教育之间的经费比例关系。省级高校经费预算是整个教育预算的一个重要组成部分。在财政部门核定的教育经费总量既定的情况下，高等教育经费与其他各级各类教育经费的数额是此消彼长的关系。

（二）高等教育内部支出结构

年度预算对高校事业发展起着保障和调节作用，经费投向和支持力度直接影响着某项事业的发展程度。如何合理调整高校内部支出结构，这是经费预算编制把握的一个重点。优化高等教育内部支出结构，就是从高校改革和发展的全局出发，统筹各个方面，合理确定各项目经费投入之间的关系，使经费投入和事业发展规划相一致，促进学校各项事业协调、持续发展。从宏观上主要把握好以下几个关系。

1.硬件投入和软件投入的关系

高校的硬件投入主要包括土地征用、基本建设和设备投资等方面的费用，软件建设主要包括教学科研、师资队伍建设等方面的费用。硬件建设关系到高校基本的办学条件，软件建设关系到教学科研的水平，两者相辅相成、相互促进，在学校的发展中都起着不可替代的作用。因此，要正确处理硬件建设和软件建设的关系，在经费项目选择和数额核定上有利于学校的整体发展。为满足连年扩招的要求，不少高校将大量的资金投向基本建设等方面。根据教育发展形势的变化，高教经费投向应由侧重基础设施投入，逐步转向侧重学科、实验室、网络、师资、人才等方面，以推动高等学校不断上层次、上水平。

2.当前利益和长远利益的关系

既要注重解决一些当前急迫的问题，又要考虑支持关系学校长远发展的项目。目前最为突出的是高校校内津贴和建设发展的关系问题。高校只有具有较大的办学自主权，才可以自行制定教职工的津贴发放政策。而只有适当提高校内津贴标准，才有利于吸引和留住人才，建设和稳定教师队伍。但若津贴标准过高，就会造成人员经费开支过大，公用经费相对减少，学校建设项目减少，将影响学校的长远发展。因此，需要根据学校的财力兼顾两个方面。

3.教学科研投入和行政后勤投入的关系

教学科研是高校的中心，在资金投向上应该重点支持。行政和后勤是学校发展的基本保障，也应有足够的资金加以保障。行政和后勤部门作为学校的管理部门，对于教学科研等起着支撑作用。但总体来看，在经费投入方面，应该尽量压缩行政后勤等方面的消耗性支出，降低行政成本，将更多的资金用于教学和科研方面。

二、坚持“突出重点，集中投入”的原则

高等教育属于非义务教育，实行非均衡发展战略，这就决定了高校投入必须集中财力，保证重点，有所为有所不为。以H省为例，H省对高校进行重点投入，主要体现在以下三个方面。

（一）重点大学建设经费

该项经费主要对省内十所重点骨干大学进行扶持。由于重点骨干大学的定位、性质、目标和任务不同，其得到资助的强度也不同，大体分为三种情况：

①对于“211工程”和省部共建学校，按照国家有关要求落实专项资金或配套资金。“211工程”和省部共建是H省高校实施的最重要的工程项目，对于全省高校起着示范和引领作用，在资金上应予重点保证。

②对于具有博士授予权的高校，其经费投入水平要高于非博士授予权高校。博士生是高校培养的最高层次的人才，其所需资金要明显高于其他层次学生。

③对于没有取得博士点授权的高校，给予适当的资金支持。这类院校中虽然没有博士生的培养任务，但是作为重点骨干大学，同样承担着为地方经济建设服务的重任，也需要根据学校的具体情况给予支持。况且，这类学校有着较强的办学实力，争取博士授予权是学校建设的重要任务，通过经费支持使得学校尽早实现这一目标，也是整个高等教育事业发展的需求。

总之，针对省内重点骨干大学的不同情况，分层次进行资金支持，能够使有限的经费发挥较好的使用效益，也是坚持“突出重点，集中投入”原则的具体体现。

（二）重点学科建设经费

以学科建设为龙头，通过学科建设带动教学科研的全面发展，是一个十分有效的途径。但在学科建设过程中，也不能“均衡发展，齐头并进”，而应该选择那些实力强、条件好的学科，在资金上进行重点扶持。

（三）重点项目建设经费

重点项目建设经费是对所有高校中的重点项目和事项资助的经费。一是实验室建设经费，用于购置教学科研设备等。二是科研项目经费，用于资助一些重点

科研项目研究。三是人才培养和引进项目经费，用于教师进修、出国培训及引进人才的科研支持等。四是基本建设和大型修缮项目经费，用于校舍新建改造和基础设施建设。由于各学校的情况不同，其重点项目的内容也不同。重点项目由高校提出申请，省级教育行政主管部门核定。高校在申报重点项目时，要从本单位的实际出发，分清轻重缓急，分类排队，认真进行筛选。省级教育行政主管部门对于各高校上报的重点项目，统筹考虑和综合平衡，根据财力和项目具体情况核定资金数额。

此外，还有一些特殊事项经费，如承办全省大学生运动会、举办国际性学术会议、遭受重大自然灾害等给予的补助等。

高校是一个有机的整体，在保证重点投入的前提下，还要统筹兼顾，对非重点大学和非重点学科等也要给予必要的经费支持，以促进全省高等教育的全面发展。

三、坚持“区别对待，分类核定”的原则

按照经费使用性质，高校经费大体分为两大类：一是正常经费或基本经费，包括教职工工资、福利费、校内津贴、学生奖助学金等人员经费；公务费、业务费、教学设备费等公用经费，这些经费主要用于学校维持正常运转。二是项目经费，主要用于教学、科研、基础设施方面项目建设的经费。在这两类经费中，正常经费在财政拨款中所占的比重较大。因此，如何分配这部分经费是一项重要工作。

长期以来，由于受“基数加增长”经费分配办法的影响，学校正常经费成为一个相对固定的基数，并逐渐形成凝固化的倾向。为改变这种状况，某省推出了“零基预算”的经费分配办法，即打破各高校原有的经费基数，按照学校发展新的情况和因素核定其正常经费。但是，由于学校之间差别较大，情况十分复杂，完全打破原有的经费基数，按照新的因素分配正常经费存在着较大的困难，目前高校的经费分配在很大程度上还受到原有经费基数的影响。这就需要不断加大改革力度，积极创造条件，逐步实行真正意义上的“零基预算”办法。

在高校推行“零基预算”的办法，关键是要按照“区别对待，分类核定”的原则，打破学校原有的经费基数，用新的因素核定各高校的正常经费。

主要应考虑以下三个方面的因素。

（一）学生人数

高校主要任务是培养高层次的专门人才，各学校所需经费数额与在校生人数密切相关，在同类院校中，学生人数越多，应得到的经费数额就越多，学生人数应是核定正常经费的最基本因素。

（二）学校类别

不同类别的高校其办学成本不同，对经费的需求也存在较大的差异。学校的类别一般可分为理工科、医学、农业、综合、文科、师范、艺术等几大类。从经费需求的角度分析，不同类别的学校，教职工工资和学生奖学金、助学金等人员经费是基本相同的，主要区别是在实验室建设和教学科研设备等方面。因此，应根据各类别院校不同的经费需求，分别测算和制定经费定额标准。随着高校学科专业结构的调整，不少高校呈现出向综合性方向发展的趋势，学科相互交叉的现象较为普遍，如经济类院校中设有理工科专业，理工类院校中设有文科类或艺术类专业等。在核定各类高校的正常经费基本定额标准时，应根据专业交叉的实际情况适当进行调整。

（三）学生层次

高校学生层次主要分为博士生、硕士生、本科生、专科生。由于不同层次学生的培养目标不同，所需培养成本费用不同，其经费标准也不一样。博士生的经费标准定额应高于硕士生，硕士生的经费标准定额应高于本科生，本科生的经费标准定额应高于专科生。为了便于计算，在核定不同层次学生经费时，可以采取以本科学生为基准进行折合的办法，如一个博士生相当于 2 个本科生，一个硕士生相当于 1.5 个本科生等。综合以上三个方面，就可以制定出不同院校每生每年的基本经费定额标准。省级教育行政部门依据经费定额和学生人数分别核定各高校正常经费。需要指出的是，随着经费总量的不断增加和高校条件的逐步改善，高校经费定额标准也是需要不断调整的。

除了以上几个因素之外，核定正常经费时还要考虑一些特殊因素的影响。一是学校所在地域的区别。不同的地域对办学成本造成了直接影响，如某省的 Z 和 C 地区，处于高寒地带，冬季取暖期长，气温低，所需取暖费用要明显高于其他地区，需要适当增加其正常经费。二是收费标准的区别。由于多种原因，高校之间的学生收费标准存在着不小的差别，如高校本科生每年收费标准，有的学校为 4500～5000 元，有的为 3500 元。在本科和专科之间也存在着“本专倒挂”的现象，即每生每年的收费标准本科为3500元、专科为5000元。收费标准的差别造成学校收入的差别。在实行综合预算的情况下，应将财政拨款和收费收入统一编制预算。因此，对于收费标准较低的高校，在核定其正常经费时应给予适当补助。

四、坚持“公开公正，奖优罚劣”的原则

在确定经费项目类别之后，还要确定具体的项目及资金数额，如重点大学经费、重点学科经费等，如何将其具体分解到学校和项目上，这是预算编制的一个关键环节。

专项资金的分配，首先要坚持公开公正原则，针对不同性质的资金，分别采用科学合理的办法。

一是对固定性项目采用直接核定的办法。如“211工程”建设项目等，属于连续投入支持的项目，并制定工程建设资金总体规划。对这类相对固定性的项目，可按照总体规划的要求和当年财力情况，直接核定经费项目的数额。二是对资金覆盖范围广、数额大的教育重点工程项目资金，采取“因素分析，数模核算”的办法。如强势特色学科和重点学科建设经费，就是选取学科性质（理工类或文史类）、科研成果、招收研究生人数等12个因素，分别确定不同的权重系数，运用数学公式核定各学科的具体数额。三是对资金使用范围比较明确，但分配因素不宜量化的资金，采用“学校申报，集中评审”的办法。如高等职业教育经费、重点大学建设经费、一般院校建设经费等，即由学校根据自己的实际情况，在指定的适用范围内申报项目，并且按照轻重缓急排出项目顺序，列出详细的项目内容，由省级教育和财政部门聘请专家进行评审，确定各学校经费项目的具体数额。

如何加强对经费使用效益的考核，将经费使用效益与专项经费分配挂起钩来，是深化经费管理改革的一项重要内容。要按照“谁花钱，谁负责”的原则，对高校实行项目经费使用责任制。目前，工商企业对资金的使用效益有一套科学完整的考核办法。高校属于事业单位，其资金使用效益主要体现在教学和科研水平等方面，难以进行定量定性的衡量。因此，必须根据高校的特点，建立健全科学的经费使用效益指标体系，对经费使用情况进行考核和评价，在此基础上建立奖惩机制，奖优罚劣。目前，可设立以下奖励项目：一是依据综合评价结果进行奖励。如对高校重点学科建设进行的评价，已经有一套比较完备的指标评价体

系，主要包括教学条件、人才培养、科研水平等方面，对在全省处于前列的学科，给予经费奖励。同时，实行末位淘汰制，对于考评结果位居后列的，减少或停止经费资助。二是对于获得国家和省重大奖项的给予经费奖励。如获得国家和省科技成果奖励，全国优秀博士论文奖励等，除按照国家规定给予奖励外，省教育厅还可以给予资金奖励。三是对于经费管理方面成效明显的给予经费奖励。如省级教育行政部门分配银行贷款贴息经费，除了贷款资金使用合理有效之外，还要将当年偿还贷款的数额作为奖励性的一个因素。促使学校增强还款意识，积极偿还银行贷款。

坚持“公开公正，奖优罚劣”的原则，采用科学合理的办法分配经费，能够避免人为因素的干扰，减少随意性和盲目性，增强透明度，使高校便于接受社会监督。同时，通过建立经费奖惩机制，能够增强经费分配的导向作用，强化管理和监督，提高专项经费的使用效益。

第四章　高校预算管理的现状

第一节　高校预算管理业务流程

一、我国高等院校总体概况

随着我国对高等教育发展的重视，高等教育改革的不断深化，高校的规模和数量也在不断扩大。我国普通高等学校的数量已经由改革开放初期的 598 所发展到 2019 年的 2688 所，数量产生了巨大的变化，院校种类也更加多元化，高等院校体系也更加完整。随着高校数量不断扩大，高校招生数量也在不断增加，变化情况如表 4-1 所示，2015 年招生数量为 737.8 万人，2019 年为 914.9 万人，五年时间内招生人数就增加了 117.1 万人。在此期间，高校在校学生人数增加了 406.2 万人，高校毕业生人数增加了 77.6 万人，高校专任教师人数也随之增加了 17 万人。

表 4–1　普通高校各项目的数量变化情况

项目	2015 年	2016 年	2017 年	2018 年	2019 年
普通高等学校数（所）	2560	2596	2631	2663	2688
普通高校招生数（万人）	737.8	748.6	761.5	791.5	914.9
普通高校在校学生数（万人）	2625.3	2695.8	2753.6	2831.0	3031.5
普通高校毕业生数（万人）	680.9	704.2	735.8	753.3	758.5
普通高校专任教师数（万人）	157.0	160.0	163.0	167.0	174.0

随着改革开放的深入，社会主义市场经济不断发展，我国高校预算方式由国

家单一拨款向综合预算转变，我国高校的资金来源也逐步多渠道化。

高校教育经费来源情况如表 4-2 所示，2015~2018 年学校教育经费中社会捐赠经费由 87 亿元增加到 94.8 亿元，事业收入由 5809.72 亿元增加到 7738.2 亿元，增加了 1928.48 亿元，其他教育经费由 823.36 亿元增加到了 1073.6 亿元，高校在努力拓宽教育经费来源。随着国家对教育事业的重视，国家也逐渐增加对高校投入的教育经费，2015~2018 年，国家财政性教育经费由 29221.45 亿元增加到 36995.8 亿元，但是与教育事业发展的速度相比还有一定差距。由于资源具有稀缺性，所以需要通过管理来进行资源配置，从而实现资源使用的最大价值。高校应提高对资金使用效率的重视，合理使用教育经费，将资金的使用与高校整体战略目标相匹配，通过建立科学的预算机制来优化高校的资源配置，使教育经费发挥出最大的作用。

表 4-2 高校教育经费来源情况

项目（亿元）	2015 年	2016 年	2017 年	2018 年
国家财政性教育经费	29221.45	31396.25	34027.75	36995.80
民办学校办学经费	187.66	203.27	225.01	240.60
社会捐赠经费	87.00	81.04	85.00	94.80
事业收入	5809.20	6276.83	6957.57	7738.20
其他教育经费	823.36	930.99	1086.68	1073.60
教育经费总计	36129.19	38888.39	4256.01	46143.00

二、高校预算流程构成

高校预算流程是高校预算的编制、监督、考核等工作在各部门与环节之间流转、传递、衔接、汇总等工作的设计、规划、组织、实施的过程。高校的预算流程可以分为两部分。

（一）部门预算

向上级主管部门（即财政部）报送的预算，又名学校预算。按照财政部的要求，“一个部门一本预算”。“部门”是指与财政发生直接资金领取和下拨关系的预算单位。部门预算实行“收支两条线”，根据财政部“二上二下”的部门预算编制要求和教育部规定，编制学校对外的年度财务收支计划，包括收入预算和支出预算。

（二）校内预算

用于规范校内管理、满足校内整体规划要求的预算。将上级主管部门批复的部门预算进行分解，形成对内的经费开支年度计划。校内预算是部门预算中的一环，与部门预算在收支口径上必须保持一致。改革后的部门预算应包含三个层次：第一层，部门三年滚动规划；第二层，年度预算；第三层，项目储备库。以三年滚动规划为牵引，指导年度预算的编制和项目储备库的建设；以年度预算为中流砥柱，联通三年滚动规划和项目储备库；以项目储备库为基础，推动年度预算和三年滚动规划。

"一上"，指各部门按照年度部门预算编制要求，填报基础信息数据库、规范津贴补贴经费测算相关数据；对备选项目进行排序，择优编报项目支出预算；充分预计项目支出结转资金；报送项目支出定额标准建设情况；确定绩效评价试点内容，编制新增资产配置预算；填报部门职能和机构设置等基础材料；将年度预算建议计划报送财政部。

"一下"，财政部根据全国中期财政规划、部门三年滚动规划、部门需求等综合平衡后，核定下达部门财政拨款预算控制数。其中，基本支出控制数明确到功能分类顶级科目，项目支出控制数明确到一级项目和部分重点二级项目。

"二上"，各部门在财政部门下达的部门预算控制数以内，预测收入与填报绩效目标；编制全口径基本支出预算、项目支出预算；真实反映结转资金；填报住房改革支出预算；填报关于"三公"经费的安排情况；编制政府采购预算；填报"政府购买服务支出表"；标注国库执行重点项目；切实提高年初预算到位率。将单位年度预算草案，在规定时间内报送财政部。

"二下"，财政部门对各部门报送的年度预算草案进行审核汇总，形成年度预算草案，在报同级政府、党委审议通过，报经同级人大常委会审议后，提交同级人民代表大会审议，在同级人民代表大会审议批准后法定时间内将部门预算批复到各部门。

三、高校预算流程现状

目前高校财务管理实际工作中表现出来的许多问题与预算流程的组织设计、制度安排密切相关。

（一）学校发展战略未能通过预算流程

学校发展战略对学校各部门的工作具有规划、指导作用，各基层部门将整体发展战略的各项指标进行分步实施，形成各部门的阶段、具体的工作目标，通过具体、细分目标的实现来完成总体战略目标。学校发展战略是解决“做正确的事”的问题，对预算流程也有现实的指导意义：一方面，学校发展战略是统一预算思想的指导依据，在各管理部门意见、观点不一致的时候，可以通过回归到学校战略发展的出发点，思考是否符合学校战略发展的目标来统一思想和意见；另一方面，学校发展战略主要通过预算管理来实现，将各细分的阶段目标与经费的分配、监督、绩效考核相结合，进而以预算流程将发展战略的工作具体落实。

（二）预算流程活动与学校管理系统整合欠佳

预算流程作为一项重要的经济活动，需要确定各种收入，如上级补助、财政补助、学费收入、捐赠收入、校厂收入等；各项支出，如运营支出、资本支出等预算数，可以说是贯穿于学校全部管理活动中。学校各部门的业务活动需要财务管理部门的支持，而在预算流程的实施过程中，财务管理部门也需要对各部门各方面的信息和资料进行甄别、分析、核对，对事项及其认识、思想与其他部门及管理层达成共识。在此过程中，预算流程与各项管理工作之间的融合与集成，各项数据资料之间传递和工作衔接，就尤显重要。现阶段大多数高校预算的编制与学校管理系统的整合与集成都欠佳，特别是在“一级核算，二级管理”财务管理体制的院校更显突出。在预算编制过程中，各部门只是形式上参与，提供一些简单的经费支出计划，预算流程没能与业务流程相融合，并且不同部门之间的信息不能共享，造成不同的系统里数据挑选录入或重复录入，导致数据准确性较差，效率较低，人工浪费，割裂了各管理部门之间和各管理系统之间的有机联系。结果是预算缺乏约束力，财务管理部门很大程度凭经验和简单的分析来确定预算，未能与各管理系统融合从而取得准确的数据和信息，形成有效判断，做出准确的量化及预算安排。

（三）预算流程过程未能吸收全体教职工参与

高校若能在预算流程的过程中做到学校的每位成员都是参与者，对预算的编制与财务管理水平的提高将起到重要作用。广义的财务管理理念是学院的所有的管理行为都属于财务管理内容的范畴。具体而论，高校的教职工及学生的工作、学习和生活都事关预算执行的成功与否，如校园绿化卫生费、体育设施维护费、水电费等与教职工和学生有关联的项目。毋庸讳言，目前高校的预算编制，基本上是财务管理人员和少数管理层的事，绝大多数教职工和广大同学都未能参与其中，未能将财务管理的理念融入每个人的日常行为。

（四）预算结果的内容与表现形式过于单一

作为预算流程工作的最终成果，一份能令管理者满意的年度预算应该是包含学校各方面工作及情况分析、具有丰富信息和各种表现形式，让决策者能直观、全面、详尽地了解预算的过去、现在和未来。现在高校的预算形成的结果，基本上是以单一表格的形式表现，很少采用图例形式，难以看到逐年的变化趋势，简单的文字注释难以完全表示所有的信息，缺乏决策者眼中满意的预算报告和分析结果。究其原因，主要是因为缺乏预算编制方面的专业软件以及具体编制预算的人员缺乏相关的技术培训。

（五）预算流程运行过程规范性不强，各环节衔接不够完善

预算流程工作既是一项系统工程，也是一项细致的工作。系统工程是指预算流程不仅牵涉到各部门、各项工作，还指预算编制工作仅是预算流程的一个环节，事前通过对预算的绩效考核为预算制定提供参考，事中通过对预算执行的监督，为预算的调整提供依据，事后绩效考核同样十分重要。当前高校对预算分配，特别对分配金额普遍重视，分配以后的后续工作大多停留在文件中。预算流程是由各项具体工作组成，同时也是一项细致的工作。正是系统性和细致性的原因，决定了做好预算流程需要付出大量细致的工作，如预算编制的时间性问题，从各部门具体的完成时间，到汇总、甄别、核准的时间安排，以及随着时间推移而随之转移的资料如何准确地发放到具体的工作人员、预算管理委员会成员以及学校决策者等。目前高校的预算流程还是比较粗糙，从编制时间的安排、各部门的工作安排和内容，到经费的分类、表格的设计填写等，规定不够明确，随意大于规范，导致预算的可比性较差等问题的产生。

四、高校预算管理现状与存在的问题

（一）我国高校预算管理现状

1. 现行管理体制

高校预算体制是预算流程运行和资源配置的依据，体现预算管理权利的划分。我国高校主要实行统一领导、集中管理的预算体制，即校内一级财务部门对高校经济活动进行统一管理，高校对财务的收支计划进行统一编制，在学校统一领导下对各二级单位实行集中管理。部分高校实行统一领导、分级管理的预算机

制，即校内一级财务部门对高校经费进行宏观管理，下设二级机构对预算进行分级管理，各院系享有经费使用的自主权。目前我国实行统一领导、分级管理预算机制的高校一般为规模较大、管理水平较高的高校。据徐江波调查统计分析，我国 30% 的高校实行统一领导、集中管理的预算体制，60% 的高校实行统一领导，集中与分级管理相结合的预算机制，10% 的高校实行统一领导、分级管理的预算机制。

2. 预算编制

我国高校一般遵循量入为出、收支平衡的原则，结合高校的具体情况对高校预算进行编制。根据规定高校不可编制赤字预算。当前高校在预算编制时通常遵循两上两下的原则。首先高校的各业务部门对部门预算进行编制，编制完成后由部门领导进行审核，审核通过后上报高校的财务部门，财务部门根据上报的部门预算数进行协调总结形成预算草案。预算草案经上级财政部门审批通过后下达预算控制数，高校据此再次上报预算形成正式预算，等待上级财政部门正式批复预算。

3. 预算执行与控制

每年的 3~4 月，我国高校会将预算指标下达至各业务部门，业务部门根据预算指标去严格执行。在预算执行的过程中，不得对预算随意修改，如有特殊情况需要调整，必须严格按照相应的预算调整程序向财务部门提交详细报告申请调整，财务部门通过后再由校领导审批后才可调整。年底预算有关部门再对预算实际发生数额进行汇总，分析学校预算执行情况。在预算控制上，我国高校一般通过预算经费总额控制和利用会计信息系统来对预算过程进行控制。

4. 预算绩效评价

我国高校在预算绩效评价上一般都是通过设定量化指标来对高校的预算执行和资金分配效果进行评价。预算收入率越高说明本期实际收入水平越高，更加符合预期水平；预算支出率越高说明本期预算的支出完成情况较好。通过建立预算绩效评价体系，根据预算绩效评价指标的大小来分析高校的预算水平，发现预算执行过程中的问题，对下年度的预算编制和执行形成参考，根据问题相应地进行调整，实施改进措施，从而提升预算管理的水平。

（二）我国高校预算管理存在的问题

1. 预算管理机制不完善

①部分高校预算管理制度并不完善，没有形成规范的、具体的预算制度与

指引，使预算工作的操作流程和分配较为模糊，导致高校预算工作上存在职责不明、责任不清的现象，预算执行上缺少了一定的严肃性。

②在预算管理的机构设置上，我国当前近一半的高校存在没有设置专门的预算委员会来组织开展预算活动的现象，对预算机构设置缺少相应地重视，很多高校目前仍由学校财务处来兼办预算管理工作，缺少专业的预算管理人员，缺乏权威性，使业务部门参与预算工作的积极性较低。

没有专业的机构进行指导，将会在一定程度上影响学校预算的专业性和科学性，不利于高校预算管理的规范化。

2. 预算编制科学性不足

①我国大多数高校在预算编制上缺少将预算与高校长远发展相结合的战略思想，预算编制只是根据国家政策和制度，通过经验进行预算编制，只注重当前效益，而忽略将预算与高校长期发展规划相结合。

②预算编制的完成需要业务部门的参与，然而当前大部分学校的业务部门在编制预算时往往注重自身利益，缺少整体意识，导致预算编制数据不够准确，从而影响高校预算管理水平，进而影响高校资源的有效配置。

③大部分高校的预算编制方法较为简单，一般采用增量预算法来编制，在上年度预算的基础上进行加减预算，很难准确考虑高校未来的经济活动，在以前年度基础上确定未来预算计划会使预算编制存在一定的偏差。

3. 预算执行与控制力度不够

我国高校普遍存在预算执行与控制力度不足的现象。

①高校预算指标的制定并不明确，预算指标在执行过程中的约束力度不够，预算执行的依据不足，业务部门根据自身的经验认识去执行往往会造成预算执行得不规范。

②对预算的审批并不严格，对预算的把控不严将导致预算执行力度不够，同时还会伴有高校项目资金随意调整、年中追加预算、年底超预算、突击花费等现象的发生。

③我国大多数高校没有完善的预算监控体系，预算执行过程中并没有得到严格的监督与控制，缺少对预算执行过程的监督管理将大大影响预算的执行效果。部分高校的财务信息系统达不到对预算过程进行细节方面的监督与控制的水平，高校预算部门也仅仅根据预算总额来进行控制，存在只控制数量而忽视内容的现象，导致预算控制力度不足，没有达到真正预算控制的目的。

4. 预算绩效评价有效性不足

高校可以通过预算绩效评价发现高校预算管理中存在的问题，利用激励与问责机制进行规范与约束。

然而当前我国绝大多数高校预算重点停留在预算编制与执行阶段，对预算绩效评价没有引起足够的重视，对预算绩效评价认识也不足，更多地将预算绩效评价视为年终对预算执行情况的一个总结，当成一项任务去完成，没有发挥实质性作用。

多数高校未建立完善的绩效评价体系，预算绩效评价处在初级阶段，设定的指标比较随意、可操作性不强，不能对高校预算进行有效评价。

高校普遍没有将预算绩效评价与奖惩机制有效结合，不能起到很好的激励作用，更多地表现在形式上，不能达到绩效评价的真实目的。如果严格按照预算去执行的部门得不到奖励，浪费资金的部门得不到惩罚，将会使预算执行变得更加随意，长期下去预算便失去本身的作用。

第二节　高校预算管理内容

一、收入预算

近年来，高校在收入预算控制方面存在着预算管理责任不明、预算审批不严格、预算执行不认真及预算监督不力等现象，如果不加强预算管理，任何一个环节的疏漏都可能造成管理上的失误，甚至出现重大的管理失败。因此，加强收入预算控制，规范收入预算编制、审批、执行、调整、分析和考核，是加强高校经济管理宏观调控能力、提高经济运行质量的有效手段。

（一）高校收入预算的内容

高校收入是指高校为开展教学、科研及其他活动，依法通过各种形式、各种渠道取得的非偿还性资金，是高校行使职能的财力保障。

1. 财政补助收入

财政补助收入是指由财政部门一般预算内拨款形成的收入。财政部门根据高校的基本支出预算、项目支出预算以及各方面收入来源情况，综合核定高校的年度一般预算内补助数额。

2. 专户核拨的预算外资金收入

专户核拨的预算外资金收入是指高校为履行政府职能、弥补事业发展经费不足，依据国家法律、法规或具有法律效力的规章收取或提取，纳入财政预算外专户管理的财政性收入。具体包括以下内容。

（1）行政事业性收费

行政事业性收费是指国家法律、法规规定以及国务院、财政部和国家发改委审批的行政事业性收费，如高校按国家规定向学生收取的学费等。

（2）主管部门集中收入

主管部门集中收入是指高校按国家规定从所属企事业单位和社会团体的管理费及其他资金收入，如高校按国家规定向所属企事业单位收取的收入或利润等。

（3）其他预算外收入

其他预算外收入是指除上述收入以外的预算外资金，包括有偿使用回收资金中未纳入财政预算管理的部分、财政专户利息等。

3. 其他各项收入

其他各项收入包括高校的事业收入、经营收入、上级补助收入、附属单位上缴收入及其他收入（如利息收入、房租收入）等。

（二）高校收入预算编制

高校收入预算编制尽可能细化到各个部门、基层单位和具体项目，以提高预算的准确性，有利于预算管理。

1. 收入预算编制原则

（1）保证合法性

高校收入应符合有关法律法规的规定，特别是预算外资金收入应符合国家的法律、法规政策，按照国家有关政策规定的项目和比例征收上缴或留用，不得擅自增加收费项目，也不得随意提高征收比例。

（2）注重完整性

首先要保证收入项目的完整性，即高校的各类收入均应纳入收入预算。其次要保证收入数额的完整性，各高校应如实测算各项收入，不能故意隐瞒或少报预算外资金收入及其他各项收入，将单位各项收入足额编入预算中。

（3）保证准确性

财政拨款数要严格按照财政部门下达的预算拨款控制数填列。预算外资金收入应依据上年、当年收入数和下年的政策变化及其他收入增减因素测算。

2.收入预算编制方法

高校要在完善各项支出定额的基础上，运用“零基预算”“基数加增长”等方法合理编制收入预算，使高校的收入预算做到真实、可行，要切实发挥预算在高校财务管理中的积极作用。具体方法如下。

（1）财政补助收入预算编制

①明确预算目标。高校要依据国家的中长期发展计划和本单位的职能，提出工作重点、任务，列出单位需要安排的重要事项，建立起各单位的年度预算目标。

②收集相关资料。财政补助收入的测算要在占有大量信息的基础上进行，高校应全面收集与收入预算编制相关的信息资料。

③分析、归集单位预算需求。要对收集的有关单位预算的各类资料进行深入分析，确保数据、信息的真实准确；要对收集的信息、资料进行归类汇总，形成单位完整的决策信息。

④测算单位预算需求。根据财政部有关文件的规定，对单位预算需求应分为两个部分进行测算：一部分是基本支出，该项支出是以定员定额方式确定的，定员定额水平由财政部门根据当年国家财政状况确定，因此，各单位应集中力量做好人员基础数据的整理工作，如人员数量、结构（编制内、编制外、行政、事业）等；另一部分是项目支出，该项支出是根据高校发展事业计划的实际需要确定的，各高校要根据本单位事业发展规划、国民经济发展计划以及财政部门的承受能力合理测算项目预算。

（2）预算外资金收入预算编制

预算外资金收入是指财政专户核拨的预算外资金收入和经财政部门批准高校留用的预算外资金收入。与财政补助收入相比，预算外资金收入受经济形势、国家政策、单位业务量、征收率等因素的影响，因此更应重视这部分收入预算的编制工作。

①合理确定征收范围。各高校在对预算外资金收入进行测算时，要严格按照国家批准的征收范围进行测算，不能从本单位的利益出发，随意扩大或缩小征收范围。任何扩大或缩小征收范围的行为都是违法行为。

②遵循批准的征收标准。征收标准是预算外资金测算的另一个重要依据，单位在测算时，应严格执行国家规定的收费标准，不得擅自提高或降低征收标准。

③加强征收管理。在进行预算外资金收入测算时，要考虑征收措施与征收管

理水平的变化对预算外资金收入的影响，以保证收入的真实、准确。

（3）其他各项收入预算编制

其他收入数应根据实际情况按项编列，要特别注意以下几个方面：

①根据划分事业收入和经营收入的要求，将高校开展专业业务活动及其辅助活动取得的收入，列入事业收入项，将高等学校在专业业务活动及其辅助活动之外开展非独立核算经营活动取得的收入列入经营收入项。

②对各项具体的收入项目，属于明确有收费标准的项目，应根据有关业务量按标准计算，如学校的学杂费收入，应根据入校学生人数，结合国家有关部门制定的收费标准计算。没有明确收费标准的项目，则要根据上年的执行情况，结合本年度相关因素编列。

③附属单位上缴收入根据下属单位按规定应上缴数额编列。

（三）高校收入预算的执行与调整

高校的发展依赖于办学质量的持续提高，提高教学质量依赖于收入支出预算的执行力度。

1. 收入预算的执行

高校预算编制仅是预算管理工作的开始，圆满完成单位预算，还需认真组织实施。各高校要紧紧围绕本单位的工作任务，落实收入预算，该收取的要及时足额收取，该调整和压缩的支出，要坚决予以调整和压缩。高校在预算执行中，控制收入的方法多种多样，最主要的控制方法有以下几种。

（1）岗位分工控制

高校应当建立收入业务的职责分工制度，使收入业务发生与收款业务职能、收入票据使用与审核保管职能、收入票据保管与出纳职能、收入退款与审批等不相容职能岗位相分离。

（2）授权审批控制

实行收入收款权控制，高校的所有收入必须统一由财务部门管理，未经授权批准，任何单位和个人不得收取款项。

（3）会计核算控制

确定收入统一结账时间，正确确认收入。已确认发生的收入，必须及时记账核算。建立有关收入报告制度，职能部门每日编制收入日报表，财会部门每月每日编制汇总收入日报表、按月编制收入明细表。

（4）人员素质控制

办理收入业务的人员应当持有计算机证和会计从业资格证上岗，具备良好的职业道德，忠于职守，廉洁奉公，遵纪守法，客观公正，同时对收入岗位的人员进行定期轮换。高校对取得的各项收入要及时入账，按规定上缴财政预算的要及时足额上缴；应当上缴财政专户的预算外资金，也要及时足额地缴入财政专户，不允许坐支。主管部门和财政部门对单位应缴而未缴财政预算和财政专户的资金要督促催缴。

2.收入预算的调整

预算调整是指高校预算经财政部门或主管预算单位批复后，在执行中因特殊原因需要增加（减少）收入或减少（增加）支出，使原批准的预算发生变更所进行的调整。高校预算调整内容包括：

（1）涉及财政补助收入追加或追减的预算调整

为了维护预算的严肃性，高校年度预算执行中，一般情况下，财政补助收入不予调整。但也有例外，即上级下达的工作任务和事业计划有大的调整，如上级根据国家发展需要，对学校的年度招生计划作了大的调整，对单位财务收支预算影响较大；另一种受国家有关政策影响，如国家因整个经济体制改革需要，出台了新的税收、外汇、工资等政策或津贴补贴项目，对高校财务收支预算产生较大影响。这两种情况都会引起高校增支或减收等情况，高校可以据此报请主管部门或财政部门追加追减财政补助收入。

（2）不涉及财政补助收入变动，只牵涉非财政补助收入部分的预算调整

高校非财政补助收入增加或减少，需要相应调整收入预算时，高校根据预算收支平衡的原则自行调整，并报主管预算单位或财政部门备案，主管预算单位或财政部门在批复单位决算时审核确认。这部分预算的调整，虽然是采取批复单位决算时予以确认的方式，但也必须严格执行国家规定的开支范围和开支标准。高校经财政专户核拨的预算外资金和部分经批准不上缴财政专户管理的预算外资金计入收入，其预算调整分为两种类型：从财政专户核拨的预算外资金预算调整是比照财政补助收入预算调整办法办理的，除上级下达的工作任务和事业计划有大的调整，或者根据国家有关政策增加或减少支出，对预算影响较大需要报请主管部门或财政部门追加追减外，一般不予调整；经批准不上缴财政专户管理的预算外资金直接计入收入，在预算执行过程中，因收入增加或减少，可以按非财政补助收入预算调整办法，自行调整预算。

（四）高校收入预算分析

高校收入预算分析的主要内容是单位的业务活动的全过程及其结果。具体表现在以下三个方面。

1.分析单位收入预算的编制情况

主要是分析单位的收入预算编制是否符合党和国家的有关路线、方针、政策和财务制度，以及工作任务和事业计划的要求；是否贯彻了量力而行、量入为出、尽力而为的原则，预算编制的计算依据是否正确可靠。

2.分析单位收入预算的执行情况

主要是分析收入预算执行进度与事业计划完成的进度是否一致；分析比较预算收入数的完成进度；本期实际收入数与以前各期相比，有无特殊变化及其变化原因。

3.分析单位收入的实际完成情况

主要分析高校的各项收入是否符合有关规定，是否执行了国家的收费标准，是否完成了核定的收入计划，各项应交收入收费是否及时足额上缴，以发现超收或短收的主客观因素，及时采取措施，增加收入。

二、支出预算

近年来，高校在支出预算控制方面存在着预算管理责任不明、预算审批不严格、预算执行不认真、预算监督不得力等现象，如果不加强预算管理，任何一个环节的疏漏都可能造成管理上的失误，甚至出现重大的经济损失。因此，加强预算控制，规范预算编制、审批、执行、调整、分析和考核是加强高校经济管理宏观调控能力，提高经济运行质量的有效手段。

（一）高校支出预算的内容

1.基本支出预算

基本支出预算是高校为保障机构正常运转、完成日常工作任务而编制的年度基本支出计划。主要包括以下两个方面：

（1）人员经费支出预算

人员经费支出是指高校用于个人方面的开支，包括政府支出经济分类科目中的“工资福利支出”与“对个人和家庭的补助支出”。“工资福利支出”反映单位开支的在职职工与编制外长期聘用人员的各类劳动报酬，以及为上述人员缴纳的各项社会保险费等，“对个人与家庭的补助支出”反映政府用于对个人和家庭的补助支出。

（2）日常公用经费支出预算

日常公用经费支出是指高校用于单位日常公务、业务活动方面的开支。政府支出经济分类科目中的“商品和服务支出”属于基本支出中的日常公用经费支出。以上项目的内容仅包括“公用支出”中的日常公用经费支出，不包括租赁费、大型会议、大型修缮、大型购置、专项培训、大型设施的专项运行维护等按照项目支出管理的经常性专项经费。

2.项目支出预算

项目支出预算是高校为完成特定的事业发展目标，在基本支出预算之外编制的年度项目支出计划。主要包括三个方面：

（1）基本建设性项目支出预算

基本建设性项目是指按照国家关于基本建设管理的规定，用基本建设资金安排的项目。

（2）行政事业性项目支出预算

行政事业性项目是指高校由行政事业费开支的项目，主要包括专项计划项目、专项业务项目、大型修缮、大型购置、大型会议、其他行政事业性项目。

（3）其他项目支出预算

其他项目是指除上述两类项目之外的项目，主要包括科技三项费用等资金安排的项目。

（二）高校基本支出预算编制

1.基本支出预算编制原则

（1）综合预算原则

高校在编制基本支出预算时，将所有预算内、外收入（包括单位财政补助收入、预算外资金收入、其他收入等）全部纳入预算统筹。

（2）优先保障原则

预算资金的安排，首先要保障单位基本支出的合理需要，以维持高校日常工作的正常运转。

（3）定员定额管理原则

定员是机构编制主管部门根据高校的性质、职能、业务范围、工作任务等所下达的人员配置标准。定额是财政部门根据高校机构正常运转的合理需要，对基本支出项目所制定的指标额度。

2. 基本支出预算控制数测算

（1）制定定额标准

财政部门根据规范程序和方法，分别制定出高校基本支出定额标准。

（2）审核基础数据

财政部门根据各单位“一上”预算报送的基本人员情况进行整理，提取出测算基本支出所需的人员数据，并对人员数据及有关材料进行审核。

（3）形成基本支出预算控制数

人员经费根据编制内实际人数与各项定额标准核定；日常公用经费以人员为计算对象的部分根据编制内人数与各项定额标准核定；以物耗为计算对象的部分，根据单位实物数量与实物费用定额标准核定。

（4）控制数下达

财政部门按照预算编制规程，在规定的时间内，将定额标准和按定额标准计算形成的基本支出预算控制数或财政拨款补助数下达给高校。

3. 基本支出预算的具体编制

人员支出预算可以按实际标准编制，也可按预算定额编制。日常公用支出预算原则上按财政核定的定额标准及人数计算核定，解决部门因特殊工作需要、无法通过预算定额经费解决的专用材料及公用经费开支也可以单项核定。高校在接到财政部门下达的基本支出预算控制数额或财政拨款补助数额后，可在财政部门下达的基本支出预算控制数额或财政拨款补助数额内，根据本单位的实际情况和国家有关政策、制度规定的开支范围及开支标准，在人员经费和日常公用经费各自的“款”级科目之间，自主调整编制本单位的基本支出预算，并在规定的时间内报送财政部门。

（三）高校项目支出预算编制

1. 项目支出预算编制原则

（1）综合预算原则

项目支出预算要体现各种财政性资金及其他资金统筹安排的要求。

（2）科学认证原则

对项目应当进行充分的可行性论证。

（3）合理排序原则

对进入项目库的项目要按照轻重缓急进行排序，财政部门根据当年财力状况与项目顺序，优先安排急需的项目。

（4）追踪问效原则

财政部门与主管部门对财政预算安排的项目的实施过程及其完成结果进行绩效考评，追踪问效。

2.项目支出预算编制程序

项目支出预算编制需经过项目前期准备、申报、审批、组织实施四个阶段。

（1）项目前期准备

项目的前期准备是指项目列入预算计划之前的准备工作，包括编制项目建议书与可行性研究。

（2）项目申报

每年上报预算建议书时，各单位应按照财政部门的统一要求向财政部门提出项目支出预算申请报告，并详细填写部门预算报表中有关项目支出的内容，报送财政部门审核。

（3）项目审核

财政部门根据国家有关政策、国民经济建议书发展规划、申报项目的紧迫程度，结合申报项目的可行性研究情况，重点从预算支出费用方面审核单位申报的项目，根据审核结果综合排序，并将排序结果列入项目库。

（4）项目组织实施

对列入当年项目支出预算的项目，项目主管部门要按照经批准的项目支出预算督促项目承担单位积极筹措资金，与有关单位签订项目实施协议或合同，实施项目计划；对跨年度的项目，高校应在财政年度末向财政部门提供项目进度报告；对年度实际支出超过年度预算总额并需相应增加财政拨款的项目，项目单位要向财政部门提出报告，阐述理由，财政部门审核后，提出处理意见；项目单位在项目完成后要向财政部门报送项目实施报告书。

3.项目支出预算的具体编制

①高校要在优先保障单位基本支出需要的基础上，按照综合预算的原则编制项目支出预算，体现预算内外资金统筹安排的要求。

②编制项目支出预算原则上都要落实到具体项目，对年初难以明确的项目，可安排不得超过项目支出总额的 30% 的待定支出。

③要加强对项目安排合规性、合法性的审核，对一些模糊或不合理的项目，要进行调整。

④对基本建设支出、科技三项费用等生产建设性支出项目，应按照发改委、科技厅等部门确定的项目进行审核，未经确定的项目，除用预算外资金安排的项目外，其他一律不得编报。

⑤项目支出预算的核定。财政部门按照国家有关方针政策和部门单位的工作任务、事业发展目标，确定当年项目支出安排的原则和重点，并根据当年财力状况和项目排序情况，安排项目支出预算，列入年度预算。项目支出预算一经核定，主管部门和高校不得自行调整。预算执行过程中，发生项目终止、变更、调整预算的，必须按照规定的程序报批。项目完成后，结余的资金报经财政部门批准同意后，可结转下一年度使用。

（四）高校支出预算的执行与调整

1. 支出预算的执行

各项支出要严格执行国家有关部门财务规章规定的开支范围和开支标准，不得随意改变资金性质和支出规模。为防止损失或浪费现象的发生，高校可以采取的方法有以下几种：

（1）岗位分离控制

合理划分责任单位，确定责任中心，各责任中心在其权责范围内负责对支出的管理和控制；保证经办支出业务人员与审批人员岗位分离、经办支出业务人员与付款业务人员岗位分离、经办支出业务人员与审核人员岗位分离、支出审核与办理结算业务岗位分离。

（2）授权批准控制

明确支出审批授权，任何人不得办理支出业务的全过程，一切支出均需事先申请。

（3）会计核算控制

按照会计制度正确进行支出核算，保证核算的真实性和准确性。

（4）支出审核控制

建立支出审核制度，加强支出审核控制，一切支出必须经审核无误后，方可办理结算。

2. 支出预算的调整

如果国家出台有关政策，对预算执行影响较大，确需调整基本支出预算的，由部门报经财政部门批准后进行调整。

（五）高校支出预算分析

1.分析单位支出预算的编制情况

主要是分析单位的支出预算编制是否符合国家的有关政策、财务制度、工作任务与事业计划的要求；是否贯彻了量入为出的原则；预算编制的计算依据是否正确可靠。

2.分析单位支出预算的执行情况

主要是分析支出预算执行进度与工作任务和事业计划完成的进度是否一致；本期实际支出数与以前各期相比，有无特殊变化及其原因。

3.分析单位支出的实际完成情况

主要是分析单位的各项支出是否按进度进行；是否按规定的用途、标准使用。

4.分析单位的经费自给水平

在分析收入、支出有关情况的同时，还要分析单位经费自给水平，即单位组织收入和满足经常性支出的程度，分析经费自给率的变化情况及原因。

第五章　高校实施预算管理模式中存在的问题

第一节　高校预算管理过程中存在的主要问题

一、高校业务与财务预算的两张皮现象

近年来，随着国库集中支付改革、预算外资金实行“收支两条线”管理和政府收支分类改革的层层推进，“两张皮”现象带来的问题凸显出来，并已影响到高校的正常运转和发展。为此，高校正积极探寻各种办法竭力解决“两张皮”现象以适应改革发展的需要。

（一）高校对部门预算编制的认识上存在误区

自从实行部门预算以来，不少高校从校长到中层干部，再到普通教职工，都认为编制部门预算就是为了向省财政厅要钱，由财务部门编制就可以了。基于这一认识，有些高校的预算仅由财务部门编制。在编制过程中，专户管理行政事业性收费收入和其他收入经常存在少报、漏报情况。但自预算外资金实行国库集中支付后由于财政先垫付这部分资金，少数高校可能为了提前使用资金存在夸大事业性收费收入的现象。编制支出预算时，往往会出现虚报、夸大现象，项目预算不是从学校事业发展的实际需要出发，而是什么项目能要到钱、能多要钱就报什么项目，一旦钱要回来执行与否完全是由学校来决定。

（二）缺乏完备的预算编制机构

许多高校没有完善的预算编制机构，认为预算是财务部门的事和其他部门无关。在实际工作中，有些高校也确实存在部门预算由财务部门一手包办的现象。他们通常采用“基数加增长”的方法，根据往年的数据结合学生、教职员工的增

长，以及学校的发展情况粗略地估算后编制部门预算。这样不仅造成财务部门工作过重，而且更为重要的是常导致预算失真，部门可能无法执行或者没有积极性去执行，最终必然导致“两张皮”现象的产生。

（三）高校预算编制水平不高

一方面，由于历史原因形成高校长期缺乏自主性，对学校事业发展缺乏长期规划，而且预算通常是一年一编预算的主要任务，是保证学校年度内的正常运行。这些不可避免地导致学校在编制预算时的盲目性和短期性，由于基本支出的编制有政策、文件规定或定额可依据。相对而言，基本支出预算的编制和执行一致性较高，而项目支出预算的编制不少是无据可依的，完全由学校自定，于是经常出现已编报的项目未实施或者实施的不完全，而实施的项目未编报。要延续的项目和不要延续的项目报不准，最后只能是预算和执行“两张皮”。另一方面，高校的预算编制人员缺乏经验，对未来的预测水平低下，往往出现一些项目决算数远大于预算数，有些甚至成倍翻番的情况。由于每年的预算通常在上年的七月份开始编制与实施，时间相隔至少五个月，而高校所处的内外部信息在不断变化，尤其是外部信息，如市场价格信息，有些商品可能一天一个价，这就需要高校预算编制人员不仅要有高度的责任心、丰富的经验，还要有敏锐的洞察力和预测能力，做到这一点显然不那么容易。

（四）高校业务的复杂性客观上导致“两张皮”现象的出现

预测下年度各科目发生额难，预测数和决算数不可能一致。尽管有些科目有分配定额，但由于各高校的复杂性不一定，预算分配给各部门、系院后，根据实际需要经过批准是允许相互调剂使用的，因此，预算数和执行数一致通常是不可能的。

以前高校有大量的本专科生业务费很难判断应当归入何科目，全部列入“其他公用支出”科目会使该科目发生额最大，这是预算管理部门不允许的。因此，如何编报该项业务的支出预算，如何核算该项业务，不同的人可能会有不同的结果，这样客观上可能会导致“两张皮”现象的出现。再如另一项重要内容——特殊性核定项目，本来它是考虑部分单位的特殊性而设立的，但是省财政厅将该项目的内容和金额给高校定死了，无论项目是否合适，定额是否恰当，都得按既定项目和金额填报，这样很可能导致高校有些项目无法上报，有些项目的金额不符合实际需要，最终导致预算和执行不一致。

（五）高校所处的内外部环境变化有时也导致“两张皮”现象的产生

高校所处的内外部环境是不停变化的，而且绝大部分是高校自身无法把握的。例如，省财政年初下达财政拨款控制，当年内通常会增拨一些专项经费，多数专项会在当年完成，这样一来对于年初的预算而言必然需要调整。再如有些高校原本不打算建设新校区，但后来情况发生变化又得建。在此过程中难免会遇到这样一些情况，即原已开始实施的项目因决定建设新校区而不得不暂停，以便重新规划。在这种情况下，高校如不调整预算，那么最终的预算与执行肯定不一致。

二、高校科研项目管理与科研经费财务管理融合度问题

（一）高校部门间存在壁垒，跨部门业务与数据信息共享机制不健全

现阶段高校各部门基本都已实现了信息化，都拥有一套能够满足本部门需求的信息化系统。但是部分高校跨部门的信息系统间尚未实现衔接，数据不能共享，形成信息孤岛。例如，财务部门管理的科研用固定资产与资产管理部门的固定资产等相关账目的月末对账工作仍需要人工完成，这造成了巨大的时间和人工的浪费。同一资产两套数据并且统计口径不一致，造成了数据信息的浪费，也不利于资产管理水平的提升。

（二）科研项目数据信息与财务数据信息未实现融合

高校负责管理科研项目的科研部门的数据信息未能与负责管理项目经费的财务处的数据信息实现融合，科研部门不能及时得到财务处的科研经费的收支数据，财务处也不能及时得到科研部门制定的科研项目经费的使用办法，从而导致某些科研经费超标准超范围开支，或者科研经费支出不合规范等情况。

（三）科研项目管理信息化程度有待加强

高校科研管理流程的信息化存在割裂现象，很多高校仅在科研项目管理流程上进行信息化处理，尚未建立全流程的信息化管理系统。科研项目的立项、预算申报、日常报销、预算调整、项目结题等业务都需要科研项目负责人与多个部门沟通，很多流程还是手工作业，未能实现信息化审批，一张表格需要两个甚至多个部门签字盖章审批，甚至有时连项目负责人都不清楚到底由哪个部门负责相关的审批，这极大影响了科研课题的进度，造成了巨大的时间和资源浪费，也导致了科研项目管理的碎片化。

第二节 现有财务管理系统难以满足需求

由于高校内部业务系统和财务管理系统向来属于两个相对独立运行的系统模块，操作流程有所差别，并且其内部编码、标准等也不一样，这就使得如果需要用到财务管理系统的时候，往往难以有效发挥作用。并且系统的不足也直接影响到财务部门对相关数据的有效监督和审计。

因此，推进高校实现业财融合，加快实现高校内部财务工作转型，基础工作就是在高校内部建立系统完善的财务信息系统。但是，目前不少高校内部由于财务管理会计信息系统建设不够完备，造成了业务活动数据与财务数据的及时性、全面性和准确性等方面还存在着较多问题，影响了高校的经营决策活动。

一、认识不充分，财务与业务难以有机融合

高校部门众多，岗位复杂，各部门之间的工作重点各不相同，出发和考虑角度也不同。日常工作中，其他部门往往只关心本部门相关的各项指标，不懂财务相关流程、制度，认为财务部门的工作就是简单的收学费、发工资、报销、出报表等；而财务人员也不了解其他业务具体流程，坐等业务上门，只能提供低价值的会计服务，存在业务忽视财务或财务忽视业务的现象。当财务人员通过问题指标干预业务活动时，更会引起其他部门的反感和不快，无法深入了解各项业务实际情况，激发了部门之间的矛盾，极大影响工作效率。

二、信息化机制不健全，信息共享受限制

随着大数据、移动互联技术的应用，高校信息化建设进入了全新的发展阶段。目前，高校各部门内部都有较为完善的信息系统，如财务系统、收费系统、教务系统、科研系统、资产管理系统等，但各部门所使用的信息系统都相对独立，并不能与财务系统有效对接，造成了高校部门之间的信息壁垒。财务部门在进行各项工作时，无法迅速、准确地从系统获取所需信息，业务部门也会由于资金问题无法开展工作，部门之间有效的信息不能及时共享、更新，降低了信息传递效率，部门之间协同效率也大打折扣。

三、财务工作过于传统，复合型财务人才缺乏

目前，大部分高校的财务工作仍然处在传统的信息录入及会计核算层面，财务人员所掌握的知识、技能也以财务会计、业务核算为主，财务人员日常工作主要还是根据其他部门提供的数据进行成本核算、报表编制等，而掌握管理会计知识、能够利用业财融合模式开展工作的复合型财务人才缺乏。这样进行的工作往往不能完全发挥财务工作者的价值，使得财务数据脱离业务基础，财务工作的职能很难向更高级的财务管理转变，无法全面提升高校财务服务水平，弊端很大。随着当前社会经济的不断发展，会计工作开始向着资源共享、信息化核算的方向发展，这对于财务工作的要求越来越高，需要大量复合型财务人才推动业财融合模式在高校的应用，这也是当前建设“双一流”高校、发展科教兴国战略的必经之路。

四、高校科研经费运行模式存在问题

（一）高校科研经费管理存在的问题

现如今在国家宏观战略发展规划下，政府制定和深化社会科学发展目标，我国科研工作得到了加强，受到广泛支持并快速发展。然而，目前我国高校科研经费管理在实际运作的过程中依然表现出众多亟待优化的不足，而这些不足将会切实影响对资金的高效利用。主要有下述几方面问题。

1. 执行难度大，体制约束性强

刘向荣（2016）对我国大学科学研究基金管理进行了深入的研究，并明确表明，我国的大部分研究基金都是按主体管理的，在确定主体之前必须对其进行审查，而且提交报告的时限往往是有限的。要求实施完成的时间较短，如果研究人员要迅速申请，那么整个项目通常会分成几个部分，但这可能导致项目缺乏完整性等其他问题。在项目实施过程中出现的延误或问题需要时间和费用，从而减少了项目执行所需的时间。此外，如果今年的项目不执行，可能会影响到明年的课题工作，因此研究人员必须迅速采取行动，从而很难监测该课题的质量，可能影响到总体效果。

对科学研究的经费拨付被推迟。根据目前的国家预算批准程序，项目预算是连续分阶段批准和分阶段支付的，但批准和向投资单位分配资金所需的时间是基本的生命周期，因此科研人员实际掌握这些生命周期所需的时间大大推迟，致使

科研人员需要耗费大量精力来应对不合理的经费管理制度，甚至造成负面效应。

对于任意学术研究经费类型而言，相关研究工作者只能根据课题需要来对资金加以合理使用，并不具备强行占有的权力，所有肆意使用科研资金的活动皆不符合法律的规定。因而出于减少相关情况发生概率的目的，高校需要强化自身管理。一些项目假装是课题小组负责，但实际上是负责人专权。此外，在学校财务部门获得资金，根据既定的规则，在一定程度上扣除了有关的费用，所有这些资金都直接分配给了专题小组，财务部门只剩下报销的工作。还有些高等教育机构的工作人员不遵守合理的法律和特定的系统，从中牟利。

2.缺乏科学的预算编制

一般来说，项目负责人拥有对相关学术研究课题进行经费预算的权力，在相关管理标准的基础之上来行使学校各部门的职能，然而，学校并未在指导和培训层面对这些项目负责人提供一定的帮助。如果项目管理人员不了解国家财政和经济政策的会计知识、规则和条例，研究人员不了解预算并且按照自身直观层面来加以理解，会导致预算编制不具备合理性。

在编制预算方面出现延误的情况下，通常采用零基预算调整法，以根据预算指标框架确定预算价值。研究人员按照相关规范中所陈列的内容，结合今后将会进行研究的课题中关联性的资金加以分析。由于课题前期应当核实的具体任务的资料不确定，科学研究本身的复杂性以及科学研究所需材料的价格变动，这些因素导致了项目的不同阶段之间预算编制最终的内容和课题真正需要的资金大相径庭。并且由于资金控制流程难度较高，研究工作者倾向于违规地使用资金，而不是处理烦琐的调整程序。预算评估通常流于形式，高等教育机构的有关管理机构在开展预算工作时也仅仅重视有没有违背制度章程中的要求，而没有有效的预算，对预算编制的科学性和合理性缺少积极评估，最终导致实际研究支出与预算支出之间的巨大差异。

要想确保经费管理的合理有效性，提高项目预算能力是非常必要的。预算能力薄弱是所有大学都遇到的一个问题，主要涵盖缺乏预算依据、缺乏论证参数、方法混乱等。项目预算的一部分是在提出申请时编制的，由于时间限制，只能在没有理论和实际依据的情况下才能加以评估。这些项目是在预算程序开始时就预示着缺少后续资金。此外，在大多数高校中，项目预算都是由负责人与经验丰富的研究人员根据经验编制的，缺少财务人员的参与，缺乏对预算的科学和准确分析，不可避免地导致科学研究缺乏真实性和成本效益，缺乏科学信息，项目进展模糊不清，这种情况使方案预算失去了重要意义。在实际推进过程中，许多研究项目没有得到实时供资，无法根据具体条件进行研究，导致科研进程因资金短缺而减缓，严重影响了教学进度。特别是在大型研究项目中，更将产生非常严重的后果。

3. 内外部监督管理制度不健全

周勇（2013）明确表示，在科研支出控制体系方面，系统性的缺失非常显著，因为政府拨款，大部分科研学术机构不如金融管理企业那么高度重视其自身财务制度及经费管理，往往更多地强调科学研究。同时，虽然研究单位的主要重点是基于成果职称评定，在职务评价和成果评价中，资金的使用和管理并不重要，这一制度的结构显示出研究经费筹措的内部控制系统中提供的数据的许多缺点。不单单是这样，内部监督力量薄弱和监督机制的不完善也导致科研经费管理工作出现许多漏洞，不符合规定或违纪的现象时有发生。

现阶段，政府和高等教育机构正在实施一系列管理研究资金的制度和规则，但只有一个框架。考虑到研究活动的特殊性，研究人员和财政部之间的信息不对称，管理人员在调查是否实际使用报销凭证时遇到困难，导致报销不符合实际的现象发生。此外，一些经费管理人员对费用报销审核的要求视而不见。在某些情况下，不遵守报销要求的情况在增多。与此同时，科研工作人员存在诚信道德方面的问题，常见的情况是，在偿还工作人员费用时使用虚假发票，编制虚假清单，或向小组课题成员或专家和专家顾问支付过多费用，例如，对大学科学研究基金的特别审计中，某省审计厅发现许多高等学校在横向课题中使用票据存在违规现象；科学研究资金通过拼凑发票、制造虚假发票套取；课题协作费用从一个纵向基金转到另一个横向基金，转移或套用学校财务监督的研究资金；高等学校的研究劳务费用混乱，名单不实，逃避个税；甚至在一些高等学校，研究资金被个人用来支付家庭生活或子女教育的费用。

4. 预算执行不到位，预算开支不合理性明显

在开展预算工作时，如何有效地实现对预算执行成效的提升是决定管理水平高低的关键。通常而言，项目负责人在评估课题所需资金时相应带来的成本被称为预算资金。

①项目管理人员在项目完成和供资后，将重点放在项目进展和调查结果的增加上，一般无法真正关注预算工作的要求，进而违背了有关章程。

②科学研究项目事先申报，资金是事后支付的。科研项目申报完成时，科研

工作已经开展，但科研经费尚未发放，导致前期资金不足；后期项目完成时，资金未用完，出现科研经费未核销的现象。由于科研经费预算编制的不科学，科研工作的不确定性，高校财务部门未能对科研经费超支或即将超支的项目提出警告。基于经费不充足的情况，预算调整与再次申请经费流程较为复杂，最终使总的预算编制量远低于实际使用的经费总量。

5.科技成果的转化率低

对高校的整体实力进行深析，可以发现科研成果乃是其重要组成部分。基于高校竞争加剧的情况，所有学校都在努力提高评级，故而，纷纷鼓励和推进高校的创新。然而，在研究和评估研究成果的过程中，高等教育机构广泛应用改革和重新评价结果，没有充分注意其应用和成果的转变。同时，大学科学研究者的职称评定方法不科学，制定职称评定的评价基准的时候，过分重视科学研究成果的发表量，在科学研究的过程中，很多学术工作者一味地追求论文数量，却忽视了成果的转化。并且现如今高校学者和外部市场缺乏沟通交流，科研人员对市场的需求和问题没有充分了解。公司与学校之间合作机制的不足，使研究人员不了解公司所面临的风险，即便在学术工作上具备扎实的能力，却难以切实实现和市场的对接。因此，学术研究和社会应用之间关联性削弱，科学和技术成果的用处很小，科研成果的转化率很低。

（二）高校科研经费管理问题的成因分析

综合而言，现如今频频出现的科研经费管理中的许多问题并不是一朝形成的。很长一段时间，政策环境的宽松、现行经费管理模式、错综复杂的不规律性的科研业务以及科研队伍的状态，都使得科研经费管理产生了各种问题。造成这一局面的主要原因可以从以下几方面来分析。

1.科研管理部门和科研人员之间信息不对称

刘中原（2015）明确表示，基于现行的科研资金管理制度，关于高校科研项目的管理方面，明显的职权不明现象存在于科研资金使用人员中。研究人员和管理人员在管理研究基金方面没有明确的分工，对这些基金没有给予应有的重视，也没有充分认识到提供准确资料的必要性。研究必须是综合和协调的，但由于有关机构中对工作任务的要求存在差异，导致无法清晰地获悉科研资金动态，很难跟上研究项目的进展。这不可避免地破坏了研究项目管理和资金管理之间的协调。此外，项目管理人员对管理研究资金的使用规则和条例知之甚少，而财务和科研部门则没有足够的培训和指导项目管理人员。

在项目管理人员和职能部门之间的信息不对称，使项目管理人员错误地认为项目筹资是他们自己的管理，这可能导致预算编制不当和不正确。在科学研究管理中的信息不对称可能会导致管理人员之间的合作缺乏理解，科学研究部门和财务部门在管理等很多层面的能力不同，以及学术课题资金不合理使用与无法高效使用等弊端。

在高校里，项目组与科研管理和财务部门之间没有一个快速有效的联系，所以项目无法获得最新的关于批准和财务管理的信息，办公效率低下。研究人员没有相互沟通财务信息，不能在明确的网络管理基础上完成预算管理。在这种情况下，项目负责人想获得项目的最新进展较为困难，同时，没有网络平台的支持不能清楚明晰项目经费的花销和结余，也无法对下一步工作的进展情况进行经费预算。由于财务部门和其他部门之间的沟通方式较为落后，导致了很多最新信息无法及时准确地与各部门分享，从而导致经费管理水平不高。

2.内部管理方法与体制存在僵化现象

科学研究工作的不确定性给规划和财务管理带来了相当大的困难。我国的资金管理系统包括预算和其他有关材料，如预算在项目申报阶段的划分以及审计和项目管理所需的时间长度，导致项目周期的延长。用于科学研究的资金的使用规则过多，预算调整程序过于复杂，不符合研究活动固有的不确定性规律。大学的内部研究资金管理系统通常侧重于资金分配等问题，而具体的业务指导，如资金使用指导和支出标准，则是不够的。不过，教育机构建立了管理科学研究资金的制度，但缺乏管理程序的条例，内部控制以及科学研究资金的职能分离，这些都妨碍了对资金的有效管理。科学研究供资以及健全有效的分析方法较为丰富，但是高校一般只对学术研究课题进行单一化的类型界定，导致对不同来源资金的使用没有规定不同的方式，也没有对不同的项目和基金进行分类，内部管理系统和不科学的管理方法导致研究资金管理的效率低下。

除此以外，研究项目结题与结束账户的问题没有同步进行，也没有制定用以衡量效率的标准。在我国，科学研究管理取得重大成果的想法迫使许多研究人员选择结果。这使许多科研人员选择在年底评定职称等重要节点上发表或申请研究项目的结论。但其经费在财务部门账面上仍有结余。造成这种情况的原因有几个，涵盖了资金分配的拖延、预算调整和专题支出的缓慢，在一段时间内，在国家研究经费管理方面会出现许多不一致的情况。虽然高校提出建立考绩制度，改进科学研究项目的管理，但这需要很长的时间才能完成并真正发挥作用。

（三）问责机制不完善，监督力度不够

国家非常重视研究经费的筹措，数量问题是一个重要指标。在不同的评价系统中，例如，在不同大学的硕士点和博士点的评价中、在一级学科评估中等，这些指标成为非常重要的指标。这直接鼓励高等教育机构最大限度地增加预算、项目数量、经费拨款额等，却没有充分注意对研究经费的实时监测。

张玉周（2007）提到，首先，研究资金的管理包括对科学研究的投入和资金管理以及产出过程，但对研究资金的投入和管理涉及几个部门，而对研究资金管理的结果的评估则涉及对研究资金的管理的影响。对投入的综合理解和对研究资金的管理是平衡的，因此所有部门的合作和统筹运作是必要的。其次，对研究资金管理成果的评估包括定性和定量指标，例如，科研经费产出中涵盖了学术文献等评定要素，同时还涵盖了课题研究所具备的实际价值。学术经费审核难度较高，也增加了量化评定的难度。再次，评估研究资金管理的有效性需要有高水平的工作人员，他们必须了解理论和实践，但目前的研究资金管理者在理论和实践两方面都缺乏。最后，大学一般都鼓励和支持研究和发展活动。研究人员积极提出项目申请，但对研究支出的监督不力，对违规行为的问责机制薄弱，缺乏奖励和制裁，因此，很难建立有效的激励措施。

第三节　预算分析与考核多流于形式

一、高校项目支出绩效评价的现状

2018 年，财政部明确提出，高校要通过自评和外部评价相结合的方式对预算执行情况开展绩效评价，且经过多年探索，中央和地方绩效评价工作已经取得了一定成效。但对高校项目支出绩效评价的研究，仍集中在日常的一些重点项目绩效评价常态机制，部分高校的项目支出绩效评价面临一些新问题，如自评不翔实、绩效评价质量不高、绩效评价方法不统一、绩效评价结果运用效率不高等。经知网搜索，现有文献在绩效方面大部分局限于定性研究，且缺乏财务核算基础，因此，很有必要在现有文献的基础上，基于政府会计制度和高校内控建设环境视角，针对财务会计和预算会计分离又相互衔接的核算模式，通过财务会计提供的经费信息，研究如何完善经费成本核算体系，为开展项目支出绩效评价打下

基础，从而为如何解决高校项目支出绩效评价中出现的新问题提供思路。国内外关于项目支出绩效评价的研究虽然取得了一定的成就，但是还处于探索阶段，理论层面研究较多，研究结果也较为零散，而系统性研究高校项目支出绩效评价的成果较为少见。

二、高校项目支出绩效评价存在的问题及成因分析

（一）高校项目支出绩效评价管理缺乏上级主管部门的政策性支持

以G省为例，近年来，各上级主管部门越来越重视高校绩效评价，且已经对于项目支出执行进度问题凸显的高校采取了约谈或者收回项目经费等措施，对高校的各项考核中绩效评价指标也均有涉及，如内部控制评价、政府部门年度综合考核、地方转移支付预算执行情况绩效自评工作等。但是对于如何进行绩效评价、评价监督、评价结果并没有一套完整的规范性体系，绩效评价指标未实现业务评价指标和财务评价指标、量化指标和非量化指标的融合，几乎都是碎片式、宏观层面的一些评价指标，且是以自评为主，尚未实现对评价结果真实性的监督考核和运用。

（二）高校对项目支出绩效评价工作重视程度不够

高校的项目支出绩效评价工作目前多数处于完成上级部门的要求，学校没有自己的绩效评价部门和绩效评价体系，对于项目支出也未单独制定相应的财务制度、内控制度等，校内对项目绩效的评价多数停留在衡量预算执行率指标，未考虑非财务指标和资金使用效益等因素。高校将学校项目支出绩效考核工作与学校发展战略相结合，制定相关考核细则的经验明显不足，体现在项目预算制定的科研不充分、资金经济分类用途控制不严格、调整流程不规范、项目支出绩效评价的过程监督考核机制不完善等方面。

（三）高校项目支出绩效评价体系建设的内外部约束性动力不足

G省教育厅发布了《省教育厅办公室关于开展2019年度中央对地方转移支付预算执行情况绩效自评工作的通知》，要求各高校开展绩效自评工作，这是上级部门对高校绩效评价工作作为专项工作的新起点，通知对绩效自评工作有细化指标的要求，但未体现各学校实现战略目标的细化指标、后续的评价监督和结果运用，高校如果想设计自身的绩效评价体系，就需要强大的内驱力，在内控建设基础上结合学校顶层设计，考虑学校业务发展和财务管理实际，在绩效自评基础

上细化指标设计，将绩效评价工作真正落到实处，而不是简单地完成省教育厅要求的自评工作。

（四）高校项目支出绩效评价结果运用和问责机制不完善

目前，某省高校项目支出绩效评价结果的运用，除了财政部门有对预算执行进度的绩效考核外，其他上级部门尚未对高校项目支出绩效评价的结果进行运用。在问责机制方面，某省财政部门已经对部分项目资金使用不及时、不规范的高校采取了约谈、收回资金等措施，但是各上级主管部门尚未对项目支出绩效评价高的学校给予政策或者资金上的支持，也未对评价低的学校给予一定的惩罚，没有形成项目支出绩效评价与资金拨付水平相挂钩的奖惩型机制。

三、相关案例分析

（一）预算绩效评价环境意识

1.预算绩效评价意识淡薄

合理的绩效评价环境对于构建科学的预算管理系统有一定积极作用。相对合理的环境基础即为相关成员在预算绩效评价活动中的主动性和积极性。在教育厅出台了一系列指导意见的情况下，有关院校在预算申请过程中出现了一定消极心理，特别是对于整个流程中所涉及的绩效评价作用有一定忽视现象，其没有考虑到该制度对于预算业务稳定性的积极影响。

这充分说明了有关管理者缺乏对绩效评价体系必要性的深入认识，同时有关机构在评价体系制定中的参与程度不足。客观而言，有部分机构举办了一系列座谈会来研究具体工作细节，但是在意识上还有比较明显的局限性。管理层的态度和有关工作人员的态度具备比较强烈的相关性。综合而言，在内部动力不足的情况下，最终的绩效管理评价体系执行力度和方案可行性都存在不足。

2.机构流于形式

预算贯穿学校一年工作的整个过程，涉及各方面，是常态化的工作，全校教职工都是预算业务绩效评价工作中的一员。即使参考上级文件成立了专业预算管理团队，但借鉴相关内容，可以认为预算管理团队没有发挥好实际作用，在职能上存在一定局限性，被控制的现象比较明显，审计环节的影响力较弱。这样导致预算管理绩效评价的相关工作没有在各个预算执行单位的职责中体现，难以形成系统性的预算体制和常态化的预算管理绩效评价体系。

（二）预算事前计划的合理性

1. 预算编制过分依赖财政拨款计划

在很长的一个时间周期内，国家财政扶持对高校资金提供了比较重要的支持作用，预算编制在一定程度上也会受到拨款计划的明显影响，这和理论情况产生了一定差异。

S大学在次年预算编制任务上通常会起始于当年第四季度。而在编制成功后，需要经历比较复杂的审核流程，最终由省级财政部决定是否批复，款项得到账一般是次年第一季度末。这一过程的问题就是有关预算指标已经到了落实环节，但款项的流转速度限制了执行进度。除此之外，财务管理和会计核算的难度也相对较大，考虑到学校运营的可持续性，相关支出在常态下都要考虑到上年度的实际产生额度，进而调整相关经费，到款项流转到位的情况下再进行余下的预算。这在一定程度上对于预算编制和执行的权威性造成了不利影响。

2. 预算编制具有较强的主观性

S大学预算编制体系中主要涉及校内和部门预算两种类型，S大学已经全面推行了定额预算和零基预算相结合的预算编制策略，零基预算这一方法排除了已有项目和收支情况，把所有条件归零处理，主要是说明了已有预算安排和当前预算之间不存在相关性，而实际情况是，在此基础上深入考察有关费用的详细运用情况，坚持均衡原则进行预算编制的合理性现代预算编制方法。预算编制依赖编制人员的专业水平和战略预见性，随意性较大。

3. 预算项目与发展需求脱节

发展策略对于学校全面性和相关预算单位的实际工作有重要影响，学校的具体策略可以进行一定量化，并最终用指标的方式作为学校后续目标，再参考目标周期进行一定区分落实到有关职能部门。而基层部门要以指标为核心确定最终执行任务。发展策略对于整个学校的预算管理起到了至关重要的指引作用。策略的思想引导力较强，在相关预算机构出现明显冲突的情况下，可以在策略层面达成一致性意见，并把短期目标过渡到预算指标分配环节中，以保证发展目标能够在规定范围内有效执行。

预算数据的波动和学生规模的相关性一直较强，同时也受到了基建和薪酬待遇调整的影响，但和学校发展现状之间产生的相关性一直较弱。

（三）预算事中执行调整的规范性

S大学预算管理策略上，单独提出有关单位要根据预算安排的具体细节展开工作，在不符合有关规定的情况下，不能自行修改，但并未实际表明在何等情况下相关预算项目可以在规定时间内落实，并同时保障投产效益。说明学校财务部门不能比较透彻地了解各部门的预算完成情况，更难以在第一时间挖掘其中的局限性并展开应对。年终决算过程中通常也只是粗略地对当前情况进行比较简要的讨论。学校在此基础上无法保证绩效评价的真实性和完整性。这导致各单位在执行时脱离了有效的监督，使得各单位无法高效执行预算。这也说明 S 大学没有专门的信息系统有效传递沟通导致预算执行信息滞后。并且，S 大学的预算调整程序没有根据不同的预算调整情况制定相应的流程，而是“预算调整的审批程序同编制年度财务预算审批程序一致”。并且财务处在预算调整中没有严格授权审批的权限，在各个审批过程中也没有做到权责到人，不同的预算调整的应用条件、适用范畴及责任划分制度还有待完善，标准界限比较模糊。

S 大学的审计机构存在一定独立性，但其中的有关章程缺乏和审计处工作执行细节相匹配的内容，预算修正体系存在局限性。预算绩效评价在一定程度是业务流程的控制，权力的平衡牵制。S 大学预算调整程序的不规范不利于加强预算的执行刚性，很有可能导致预算缺乏权威性，缺乏执行力。

（四）预算信息沟通的对称性

S 大学预算管理编制目前仅仅依靠财务预算科室的简单统计，仅依靠简单的办公软件进行数据采集，无法保证数据的准确性和相关调整信息的及时沟通，预算工作涉及部门众多，相关院系预算人员只是兼职进行预算工作，专业性水平不足，人员流动性较大。尤其是各部门上报预算后进行指标调整，预算上报部门与预算审批部门，预算审批部门与预算管理部门之间的沟通完全依赖工作人员的请示汇报，审批流程繁杂，使预算工作人员忙于应付日常沟通，无暇顾及预算数据的真实合理性。

（五）预算事后绩效评价的可行性

预算绩效评价体系的构建指标分为财务指标和非财务指标，这是预算绩效评价体系的依据，这两个指标需要系统结合起来分析。关键指标分析能够正确选择出具有重要影响的指标展开评价研究，能够有效优化绩效评价流程，提高整个执行环节的便捷性。平衡计分卡能将预算绩效评价体系中的指标量化，并将财务指标和非财务指标很好地结合在一起。所以，将关键指标分析和平衡计分卡结合组成的绩效评价模式，可以更好地提升高校预算绩效评价系统的有效性。而我国高校财务管理水平的提升和平衡计分卡的可行性是预算绩效评价体系构建的基础。

1. 财务管理的提升

随着我国社会经济和科技的飞速发展，国家对人才的需求量和质量要求日益增多，高等学校的教育事业在经历一次又一次的革新，各大高校的办学水平都有所提高，高校各项经费和费用日益繁杂。新的事业单位会计制度应运而生，新制度的颁布和施行也在推进高校新的预算体系和绩效评价体系的建设，新制度的建设和新体系的构建相辅相成，互相促进。计算机信息技术的应用和普及为高校财务经费的管理和使用提供了技术保障，政府对教育事业的投入和重视程度日益增加，对高校财务人员信息质量要求越来越高，相关财务信息的搜集和整理为高校预算绩效评价体系的建设提供了信息基础。

2. 平衡计分卡的可行性

根据平衡计分卡相关理论，平衡计分卡是评价战略绩效的有效方法之一，高校预算编制与执行过程应当根据战略绩效管理理论加以控制，故高校预算绩效评价体系应当可以用平衡计分卡建立。平衡计分卡具有很多优势：

①平衡计分卡相对于只包含财务指标的评价体系，平衡计分卡将财务指标和非财务指标结合起来，其中，非财务指标更加有利于高校站在宏观的角度对绩效进行评估和考核；

②平衡计分卡注重部分和整体的协调一致性，有助于整体目标的实现；

③平衡计分卡中的非财务指标突出了对于高校绩效评价很重要的无形资产，有助于提高高校的信息技术水平和社会责任意识。

平衡计分卡产生和发展于企业之中，原有的平衡计分卡理论需要做出修改和适应性调整，对于财务层面，企业等营利性组织追求利润最大化的财务目标，而高校以提升教学质量为前提；其次，高校的受众群体不会在意高校办学盈利能力，高校的客户目标应该是提高学生教学水平、提升学生就业率这两个重要指标；内部运营和成长与发展这两个层面对于营利性质的企业和非营利性质的高校来说，其内涵都是基本一样的，无须太大改动。

第六章　业财融合在高校预算管理中的重要性

第一节　实现高校战略目标

一、高校内涵发展的客观要求

近十余年来，我国高校经历了精英教育向大众化教育转变，又从大众化教育向内涵式教育发展的过程。高校跨越式发展形成了规模化格局，而今讲求高等教育质量与高校创“双一流”建设，并逐渐成为当代使命。大学科学研究、人才培养、服务社会、文化传承的功能已经成为大学四大职能。作为高校财务，肩负着推进高校教育事业发展的重要责任。“业财融合”，是高校事业发展的必然选择，现代高校需要重新审视内涵式发展，注重质量，将高校的“业务”与自身的“财力”融合起来，真正做到有财有业务，有业务必有财的融合。

二、高校大财务发展的客观要求

高校大财务就是要以财务为线条，穿插高校教育事业。大财务主要要求质量、效益，与业财融合具有契合点。业财融合是为了保证经费有业务依赖的载体，业务有财务的基础保障，财权与事权相结合，使得业务更具有真实性、可执行性，这样确保业务在开展前有论证基础，实施过程中有充裕的财力保障，切实保证各项业务的顺利开展并取得显著的绩效。同时，大财务也提倡融合性和共享性，“业财融合”就是资源融合、资源共享利用的形式。

三、高校推进业财融合，助力“双一流”建设

当前，国家正在实施“双一流”建设，这一工程对实现资源有效配置，提高

高等教育质量，推进高校教育体制改革，提高精细化管理水平有着十分重要的意义。深化财务改革，推进业财融合，是服务高校发展需要的根本要求。近年来，国家财政对高校的扶持力度有增无减，拨款金额稳步增长，高校财务会计如何充分发挥其在“双一流”建设中的统筹、高效和保障作用，使高校的教育经费与高校教学科研、人才培养、学科建设等职能业务流向匹配，发挥资金效益最大化，这是研究高校业财融合的根本出发点。业财融合是推进高校精细化管理的重大举措，实现业财融合有助于财务管理水平提档升级。本文站在高校财务工作如何在数字信息化背景下，积极运用信息技术的手段，从业务与财务的融合入手，运用管理会计、搭建业财融合一体化信息服务管理平台，为实现高校“双一流”建设目标提供技术支撑。

（一）高校业财融合对“双一流”建设的意义

随着教育体制的不断深化，高校逐步进入多渠道多层面筹资办学的模式，而不再局限于国家财政拨款，教育事业收入、科研经费等收入来源，随着招生人数和招生规模的进一步扩大，高校各项收入规模一直处于上升趋势，校企合作、技术扶持、社会联合办学等形式不断增加，在这种复杂情况下，只有不断地提高财务系统信息化建设，从原始的单一的会计核算向注重分析决策的管理会计过渡。而业财融合正是推进高校财务管理改革的重要途径和实施高校精细化管理的重大举措。因此，高校探索业财融合是问题的根本出发点。

1. 从国家政策制度层面上进行规定

2016 年财政部颁布了《管理会计基本指引》，提出利用管理会计的横向思维与具体方法，将单位的财务和业务有机融合，以便充分利用高校资金，提高经济效益。2017 年 10 月陆续出台了《管理会计应用指引》等相关规范性文件，均从不同角度、不同层面鼓励各单位推进业财融合，高校以业务流程为基础，将财务和业务在高校经济活动的各个领域、层次与环节中有机融合。

2. 从国家发展规划纲要上进行规划

2016 年财政部颁布的《会计改革与发展“十三五”规划纲要》，提出在提高企业会计信息化水平的同时，要积极探索推动行政事业单位会计信息化管理工作，推动基层单位会计信息系统与业务系统的高效有机、提高运营管理、强化风险管控的有效途径。

3. 从财务管理角度上进行分析

高校财务管理主要内容包括预算编制、收入筹划、资金结算、内部控制、会计核算、信息化管理等。这些财务指标与业务部门的学生管理、教学安排、资产运营、政府采购、基本建设及后勤保障管理工作有着密切联系。做好财务和业务管理与业财融合的有效衔接，为高校各层面、各部门、各单位的经济活动提供所需数据。业财融合提供的每一项资金活动轨迹，分析资金的活动周期、使用效益以及带来的经济效率，为学校高层决策提供数据分析。业财融合涉及学校的方方面面、上上下下，高校财务部门在其中起的协调作用是十分必要和重要的，因此，高校财务管理的业财融合是深化和推进高校全方位改革的纽带。

4. 从专家学者阐述的观点进行归纳

2017 年，张庆龙教授发表的《财务转型，路在何方》提出：财务转型的难点及路径之一是业财融合，而业财融合的关键是通过构建标准化的制度与流程并利用信息化系统将其集中于数据库中，最大限度实现数据共享。2016 年 11 月，上海国家会计学院院长李扣庆在管理会计论坛上提到：实现真正意义上的业财融合，往往要求单位转变其思维模式、行为模式、管理模式和组织模式，以运用新模式来实现单位的战略落地、资源优化。

5. 从财务未来发展的方向上进行探索

近年来，我国提出坚持以提高教育质量为目标的发展思路，从而逐步要求高校开展推进业财融合，提高高校资金使用效率。运用业财融合的原理，有效推动业务与财务深度融合，可以更加有效进行内控管理和风险防范。业财融合开始逐渐渗透到高校财务管理的方方面面，高校业财融合的真正内涵，在于通过深度联动高校的财务管理与高校教学质量管理、符合性人才培养、科研队伍建设等，聚焦与高校战略目标息息相关的关键业务，整合高校财务、业务资源，提高高校管理水平，推动内涵式发展，探索高校财务未来发展方向及发展趋势，也是高校实现内涵式发展的迫切需要。

（二）推进高校业财融合的创新路径

1. 建立统一认识的管理机制

在高校中真正做到业务和财务的融合并非易事，首先要从学校高层管理出发，引进先进的业财融合经验，转变思维和理念，真正意识到高校潜在的问题及管理危机；从中层管理入手，学习高校业财融合成功的案例，自上而下逐步实施业财融合。其次要从具体实施业财融合的部门，从高校总体的战略布局出发，优化现有组织管理机构及流程，以达到合作与配合，交流与发展，推进高校的精细化管理。

2. 建立高校内部控制机制

高校的成本按具体的对象进行归集与分配，具体对象的确定就需要根据各业务处室的业务活动进行确定。高校的发展目标确定后，可将其分解为各年度的目标，各业务处室按年度目标制订工作计划，进而完成预算的编制。通过预算可以将资源进行合理的优化与配置。在业务活动执行中，可参照预算的标准来控制，并将内控制度镶嵌在系统内，对各部门相互之间进行牵制、监督和控制以及防范风险。根据“精细化管理、精准化发展”的需求和教育特征，选择社会责任、决策分析、激励机制等重点领域作为业财融合突破点，逐步向内部控制、绩效预算、风险防控、资产管理、战略管理全面深入推进。

3. 建立业财融合考核机制

建立一套科学合理高效实用的业财融合考核评价体系，从总体上起到正确的政策导向和合理考核评价作用。高校财务管理既要落实对财政经费使用绩效考评制度，也要落实对各业务部门进行内部控制制度，按照财政资金的来源渠道、投入方向及资金的使用产生的效益等，分类落实财政经费使用绩效评价机制，贯彻落实内部控制制度的执行情况，协同校内部门对项目预算的决策、执行、决算等进行综合绩效和内控考评。高校为了不断地提高经费的使用效益，为了业财融合在高校精细化财务管理的实施，为了正确把握财务状况和工作发展趋势，建立有助于各级管理部门了解宏观信息和财务风险，在建立高校业财融合考核评价机制过程中，通过定期轮岗，转换角色，培养新人，明确各自的责任，将规定的时间节点作为评价的参考指标，提高业财融合考核评价机制的科学合理性。在整个融合过程中发现存在的问题，找出薄弱环节，使业财融合进一步完善，以更好地适应高校各项事业发展的需要。

4. 建立业财融合的培养机制

业财融合的实现首先需要财务部门熟悉、掌握高校各业务处室的具体业务内容、活动流程、资金管理以及具体实现的步骤、过程及预期实现的目标。在推进实施业财融合精细化管理过程中，能对各项风险及产生的效益作出合理预判，并具备沟通、协调、管理等综合能力的实战能手，在其带领下，建立一支专业对口、业务过硬、素质高、能力强的业财融合队伍，保证这项工作的延续性。同时考虑到高校财务人员既要承担起管理专家、财务专家、业务专家、信息技术专家等重要角色，同时还要逐步提升财政资金的使用效率，同时减少经济资源的浪费和不必要的重复安排，实现高校价值增值。因此，要结合高校自身的发展情况，设立一套科学合理的业财融合人才培养机制，为高校的教育事业发展提供技术支撑和人才保障。

5. 建立信息化工作运行机制

运用现代化的信息技术，建设符合高校自身的信息化管理平台，将各业务处室和财务部门的数据进行有效归集、加工与整理，为高校提供更加全面、真实和可靠的数据信息，进而为高校决策层提供科学合理的决策依据。因此，业财融合的实现需要借助现代化的信息手段。在业务管理系统和财务管理系统的基础上，整体设计和实施业财融合信息系统。将高校所有的经济活动数据进行搜集和整理，分析数据逻辑关系，单单依靠会计核算软件肯定是不能实现的，需要建设一个较为全面、系统、先进的财务系统信息共享平台，从而进行基于真实数据信息的分析和预测，提高业务处理效率，使整个业务运行更加顺畅、稳妥。在信息技术支撑与数据资源共享方面要解决存在的问题，实现真正意义上的业财融合，更好地为实现学校经济活动的实时控制、数据跟踪、信息共享与融合、跟踪和反馈，真正做到科学高效的管理。

以高等教育内涵式发展为主线，紧紧抓住坚持办学正确方向，建设高素质教师队伍和形成高水平人才培养体系三项基础性工作，以体制机制创新为着力点，努力建成中国特色社会主义标杆大学，确保实现“双一流”建设。业财融合的理念及信息化平台的建设与经济活动的全面预算、成本管控、资产管理等紧密程度高，适用性强，有助于学校降低成本、控制风险，提升价值，创造能力。

目前，高校的现状促使高层管理人员实施业财融合，而业财深度融合有助于更好地推进高校的精细化管理，更好地对高校的日常管理活动进行监控，因此，我们要结合高校目前的状况，从高校内涵式发展的实际出发，建立整套科学、合理的考评机制，力争通过业财融合的深入推进和系列激励机制的实施，提高效率、控制成本、增加收入、扩大规模，进一步提高财务、业务精细化管理水平提档升级，实现高校“双一流”建设的国家战略。

第二节 预算管理精细化发展

业财融合就是要求各项业务与财务经费支持相匹配。业务需要有经费预算做保障，有经费才能做业务。经费只有与实实在在的业务相对应，才能有明确的功能用途和经济用途，避免经费在预算时虚设项目、虚增支出，影响财务总体规划。高校财务精细化要求财务经费落实到教育事业各个项目上，进而具体到各个业务，使得业务与财务相结合。通过对各个业务的论证和评价，给予较为准确的经费预算，使得该业务产生较大的财务效益，从而能够进一步检验财务精细化预算的客观性和准确性。

一、高校预算精细化管理的制约因素

随着新《预算法》的通过与实施，这就要求我国各高校时刻关注政策的变化，以此为契机认真学习并宣传新《预算法》。但是，由于我国各高校的管理层对预算的执行缺乏应有的重视，高校内部各预算部门的责权利联系不够紧密，对预算的执行情况缺乏相应的考评与激励机制，对预算的事中、事后管理存在着极大的误区。

（一）高校预算精细化管理中的制约因素分析

1. 高校的预算执行硬件条件欠缺

纵观我国高校目前的预算管理、财务管理、资产管理的现状，发现其严重缺乏统一性。无法实现高校的人力资源管理、财务管理、科研管理、教务管理、资产管理、后勤管理与预算管理的统一，而高校的领导者、决策人员、审计人员、预算控制人员等无法通过统一的系统对各项数据实现规范化管理，对于预算的这种情况也无法实现统一的监控。这种监控中的真空地带使得预算在执行中出现的差异无法及时进行分析与控制，对于发生的问题不能及时预警。

2. 预算的执行缺乏刚性

在高校预算执行的过程中，由于缺乏认真的考核与预测，基本采取的是在上一年度的预算基础上进行简单的加减，在此基础上来制定下一年度的预算指标，这也就导致各高校的预算活动出现年初争预算、年中加预算、年末超预算的现象，随意追加预算的情况更是屡见不鲜。这种行为严重影响了预算执行的权威性、刚性、约束性。例如，对于高校预算中由于客观环境等因素的变化而出现调整预算的事项，很多高校并没有严格遵照预算调整的程序来执行，从而造成高校实际资金支出与预算数之间存在着巨大的差异。

3. 岗位设置缺乏明确的职责分工

目前，我国高校对预算管理与会计核算的职责还分不清，处于混淆状态，对于每一个环节、岗位并未按要求建立明确的业务范围、岗位职责等。例如，有的高校将会计核算与预算执行岗位设定为一个人，此种现象就好像是在一场比赛中，一个人既是运动员、又是裁判员，这也就造成预算在执行过程中存在随意性大的问题。

（二）预算编制后精细化管理的制约因素

1. 预算缺乏监督力度、透明度

由于认识上的偏差，很多高校上至领导层、下至普通的教职员工，都认为预算管理工作是高校财务部门的工作，各部门只是被动地接受预算指标，而对预算指标的执行情况无人问津。由于监督机制的不完善，很多高校对年度预算的执行情况、考核情况也并未在校园网络上、公示栏中公开。

2. 预算绩效考评缺乏细致性

对预算执行情况的考核评价机制是有效地衡量各高校经费使用情况的最佳途径，但是，有的高校对预算的关注点只集中在预算的收支上，忽视了对预算绩效的考核与评价。由于缺乏先进的、科学的、效益性的绩效考核机制，使得预算执行情况失去了奖优罚差的导向作用。例如，有的高校只关心经费的取得，对于经费的使用情况并不在意。

二、业财融合实现的前提条件及关键控制活动领域

（一）高校预算管理精细化发展是业财融合实现的前提条件

1. 管理意识转变

将业财融合嵌入预算管理精细化发展中，最为基础的就是管理思维的转变，这也是最为关键的步骤。认知决定高度，思维意识决定价值，对于高校领导者而言，尤其关注做好业财融合顶层设计方面的内容。高校管理层应对业财融合进行良好的规划发展并且确切落实，制定出合理性的科学性的发展目标，高校要结合自身的情况，决定是逐步加强管控，还是降本增效或是促进服务质量的逐步提高。制定的发展战略不同，也会对业财融合的进度产生较大的影响。

对于高校的财务、业务人员，需要从高校发展的角度来作出全方位的审视，能够根据财务理论的实施，制定出具有价值意义的绩效体系，提供合理性的、科学性的、可行性的措施。例如，在高校的业务部门实施销售活动时，可以根据云计算等方面的技术，积极实施以下这几个方面的活动，第一，业务在市场上具有的一席之地；第二，高校在市场的发展前景；第三，市场未来发展的方向；第四，替代品的发展情况；第五，供应商的讨价还价能力；第六，是客户的实际需

求；等等。在调研的基础上，对高校的收入进行合理预测，制定出针对业务人员的激励机制，换言之，就是指财务人员不仅要做好事后监督这一岗内工作，也应该做好事前预算等增值工作。如果思维还仅仅停留在收入核算这一层面上，就与会计分录没有差异，如果将意识放置在业务经营和开展这一层面上，就会逐步成为财税价值的创造者。立足于岗位职责，能够提升和创新价值增值点。

2.专业技能转变

从普遍角度分析，对于技术上的改变可以从两个方面来分析。

（1）由于规则不同而导致的障碍

对于高校的业务财务人员来说，对别的部门发展的内容不是非常清楚，所以导致交流和沟通方面存在问题，所以，应鼓励业务部门人员来财务部门学习，熟悉其中的流程，也可以让财务部门的人员来业务部门，增强两个部门之间的交流。对于彼此的流程更加清晰后，能够了解到更多的理论知识。

（2）由于系统差异出现的障碍

高校实施业财融合期间，实际运行的信息化工具可能存在着很多不足之处，主要原因是：不熟悉信息化管理工具；不具有专业化的实施团队；对于实施管理职权时，也出现了不同ERP软件的兼容问题等，这些都会对业财融合的程度和进程产生较大的影响。还有历史原因以及实际因素等，造成大型高校在获得信息化管理软件时，更多的是选择SAP软件或者有诸多子系统辅助的信息系统。对于此方面存在的问题为：实施费用和固定的服务费用较高，加剧高校运营成本，加之专业人才的匮乏，软件维护等还存在诸多问题。因此，高校在具体实施ERP项目的时候，不能让实施顾问或者是ERP系统里掌握高校发展的命运，而应该促使更多的部门积极参与到这一项目的具体实施过程中，如管理层、财务、业务人员等，从而积极开展全程的跟踪式学习。

3.沟通方式转变

对于人员沟通能力的提升从实际上分析为财务人员自我营销意识的提升。对很多高校来说，业务部门一般会常常依据财务信息来作出决定，但是由于出现了交流上的不通畅，使得沟通能力较弱。由此可以看出，培养财务人员自我营销意识是非常重要的。

从营销的角度，财务部门能够将自己的工作效果转变成为一种具有期待性的“产品”，业务部门不断地提升和完善流程，有利于高校的管理层作出正确的决策。使得高校的财务部门关注到价值的创造，从全方位角度来审视财务流程，加强人员的彼此交流。

4. 组织架构转变

财务业务融合作为一种高校的财务管理模式，具有创新性，其能否顺利实施又取决于组织架构的转变。

对于某些高校来说，在运行业财融合过程中，能够把财务部门分类成两个方面，第一是总账模块、报表出具等模块，第二是使得财务人员能够到高校的业务部门去了解业务的各个实施流程。若是在生产制造业，也能够使得财务人员承担某一个产品生产线的运行，能够更加清晰地了解到产品的生产周期，产品的结构，材料的资源等方面。

组织架构能够作为共享财务以及战略财务等方面彼此联系的构成模式。共享财务能够用严格的标准以及高效的效率做好高校的业务明细的详细核算，也可以对于之后的数据信息提供可靠的资料分析。业务财务作为具体运行过程，能够使业务财务人员来到高校的业务部门，了解业务流程中的具体实施情况。不仅对财务分析、全面预算管理等方面实施有推动作用，还能够参与之后的战略财务规划过程，能够根据价值创造方面分析，提升财务部门在高校发展中的作用，优化高校财务转型，达到可持续发展。在新的时代背景下，业财融合的内容有了改变，怎样可以在创新过程中充分发挥作用，怎样可以使得高校资源达到合理的分配，怎样能够根据价值创造方面对于高校的各个部门具有的职能进行明确定位，都属于高校转型需要经历的，需要各个部门共同努力。

（二）在预算管理精细化发展过程中贯彻业财融合所应遵守的基本原则

在管理理论中，始终贯穿管理学学科内容的是管理原则，业财融合作为一个新的理念嵌入高校内部控制中，旨在促使内部控制与业财融合二者相互影响。对于高校而言，管理原则是各个职能部门的依托，尽管各个部门的职责和责任机制存在较大的差异，但是在实际应用管理学的时候，都会严格遵守这些相关规定。整体上看，业财融合在嵌入预算管理精细化发展的时候，主要应该遵循三个原则：一是灵活性原则，二是可控性原则，三是一致性原则。这些原则也可以为内部控制管理的贯彻实施提供一定的指导作用，具体论述如下。

1. 灵活性原则

对于高校管理会计而言，信息来源是比较多样化的，也就意味着管理学科具有较强的灵活性，结合不同的信息来源，以此来筛选出有用的信息，进而为决策等提供参考依据，实施相应的管理控制。对于业财融合而言，主要是立足于业务和财务之间信息的灵活性，进而逐步实现统一化的信息标准，在灵活化的处理冗余信息之后，会保留一些有用的价值信息。进而结合行业和高校的实际特点，具体应用内部控制管理体系，立足于自身经营的环境，对高校实施相应的内部控制和管理，在这一过程中，不能将高校管理僵硬化，也不能过多放纵风险隐患，与此同时，也应该在因地制宜理念的指导下，确保高校有足够的发展活力，进而与业财融合中融合灵活理念达成一致。根据实际经营发展情况，选择合适的会计管理方法，一个重要的前提就是统一的管理理念。灵活性这一原则并不意味着放纵各个高校制定相应的管理方法，而是应该在一个统一的管理框架下，构成相应的管理体系，选用最为合适的会计管理方法来进一步加强高校管理，这也是业财融合所要集中精力解决的问题。如何逐步实现同步协调管理，有效调节不相容的业务财务信息，逐步实现二者的相互融合和相互影响，这些问题的解决，都需要在灵活性的原则下，合理运用各方面决策性信息加以研究分析。

2.一致性原则

一般情况下，一致性原则主要包含两个方面的内容：一是利益一致；二是决策控制一致性。具体来看，利益包含三个方面的内容：一是国家利益；二是高校利益；三是各个职能部门的利益。这三个利益需要保持高度一致。业财融合对这三个利益在总结之后得到的结论是：高校在大环境下，想要获得最大化的利益，就需要将每一条生产线与整体的利益相统一，而不是仅仅关注各个部门的利益。决策一致也包含两个方面的内容：一是决策的控制方法一致，二是实施过程一致。由于各个职能部门之间会存在信息沟通不畅等问题，这就使得决策在具体执行的过程中可能会出现一定的过失，进而影响高校的内部管理和控制过程。业财融合的根本目的就是目标、管理以及决策信息的一致性。如果这些难以实现，就会对高校的考核评级产生较大的影响，由此也会对决策者的理念以及制定策略等产生影响。

3.可控性原则

内部控制管理主要就是指责任者在自身的职权范围内，负责相应的经济活动，对活动中管理与决策的连贯程度进行控制，促使运营和管理等达到统一的标准，在量化经济数据的基础上，实施全面的绩效考核，对诸多方面都进行合理的控制。与此同时，还应该明确划分责任，在加强职能部门联系的基础上，促使其协同合作，在这一过程中，离不开环节的可控性。管理者的主要职责就是实施内部控制，业财融合主要是借助于融合的手段，使同一个层次上的诸多不可控元素达到可控程度，如对于业务部门而言，如果想要预估产品的销售情况，可以借助财务部门的数据信息；立足于市场和财务的视角，制定出有较强可操作性的销售方案。在确定可控范围的时候，主要是立足于各个部门的职责需求，在可控性原则中，充分体现出业财融合这一理念，以此来尽量降低不可控因素出现的不确定性。

（三）预算管理精细化发展下业财融合关键控制活动区域

1. 绩效考核控制

对于高校的管理者而言，在开展绩效管理的时候，要制定统一化的工作内容和规章制度，并且定期开展工作评价等，主要内容有三个：一是制订绩效评定的计划；二是具体执行绩效考核；三是制定绩效目标。在这一过程中，最为重要的环节就是实施绩效考核，也就是借助公平的考核方法，在统一标准下，评定教职工自身的发展情况，同时研究分析项目的实际完成情况。整体上看，绩效管理主要就是指针对人这一主体实施的措施，在业财融合管理模式下，可以划分为三个层次的内容：一是绩效评价，二是公平绩效，三是项目评估。

（1）绩效评价层次

对于高校而言，在绩效管理中，评价者借助一定的方法，在高校制度的基础上，确认一段时间的工作以及项目进展情况就是绩效评价，也要与评价级别的归类相一致，这也是业财部门开展事中、事后控制的主要途径，传统意义上的绩效考核主要是被动地体现出业务评价，绩效考核能否起作用的一个关键就是宽容系数，因此，要结合诸多环节，如人员招聘、材料定价等，设置宽容系数。进一步加强高校各个部门之间的联系，在同一评价平台的基础上，有效地开展绩效管理。

（2）公平绩效层次

立足于业务与财务独立的视角可以得知，高校会在多个因素的基础上，如税收政策、市场需求等，在调整成本的基础上，逐步实现特定目的。在同一个高校的不同分校之间，可能会出现产品相同但是成本不同的情况，由此教职工就会滋生出负面情绪，进而对生产效率产生较大的影响，总高校的战略调整，也会对产品的销售环境等产生较大的影响，由此就会影响业务的实际绩效，从而影响教职工的工作积极性。

（3）项目评估层次

工作态度是教职工的积极性的集中体现，也会在项目进程中有所体现，在实施业财融合之后，业务人员会具有一定的财务知识。会在业务开展的过程中更好地应用财务知识，也可以将绩效考核逐步转变为业务评价，也可以在总结的基础上，省去烦琐的考核过程，进一步提升考核效率和专业性程度。这就使得高校在管理教职工的时候，一个主要的手段就是绩效考核，评价教职工的优劣，但是忽视了整体工作效率的提升，绩效考核也是静态的，与教职工的发展不相适应，因此，应该实施动态化的考核，立足于整个项目开展有效的评估。

2.高校资产管控

资产管理控制也是高校重要的风险控制，主要包含三个方面的内容：一是固定资产；二是存货；三是无形资产，重点是这些资产的账面、保险等价值。对于高校而言，要根据不同的价值目标，合理评估资产的价值。一般情况下，资产管理主要包含两个方面的内容：一是设备的引进；二是设备的处置。主要风险论述如下。

①在资产价值确认方面，对于高校管理者而言，针对非经营性资产的计提折旧等，并没有制定相应的管理机制。但是在业财融合管理理念下，经营性资产以及设备的价值等会与生产成本的确认存在直接的联系，因此，决策者要综合考虑保险、融资等多方面的内容，对资产进行价值确认，从而将非生产价值带入生产设备的真实价值中。单纯的账面价值仅仅满足的是报表要求，在不同决策过程中，设备和资产具有不同的意义，进而为高校带来最大化的利润。

②在设备引进方面，并没有对设备项目投资积极开展事前和事中分析评估，并没有调查设备销售方的资信、生产质量等，进而使得引进的设备质量较差，从而对生产环节以及高校的正常经营发展产生一定的危害。与此同时，在购买资产设备的时候，会消耗大量的资金，也就意味着在这一层面上，资金占有率较高，难以在短时间内转换为有效生产价值。与此同时，从国外购买的资产设备实际产能与国产设备差别不大，也会产生资源浪费现象。

③在高校管理意识方面，一些管理者的素质较差，职业能力难以达到素质标准和要求，现阶段，高校的大多数资产管理都是由其他部门兼任的，并没有设置专门部门，以此来管理资产的引进、核算等。对于业财融合的管理模式而言，在资产价值确认以及处置的过程中，都会配置专门的会计人员进行分析决策，以此来逐步实现设备的最大化应用效率。

3.高校采购业务管理

高校经营链条的前端就是采购管理，在设计采购模式的时候，要权衡多个要素，如采购质量、价格等，这些都需要财务融入。具体来看，在采购环节渗入财务管理，在积极开展业财联动分析以及筹划的基础上，进一步改善采购管理水平，也可以降低采购成本。可以在采购前段嵌入业务、财务和税务等，这些部门协同合作，在签订合同的时候，更好地为采购部门提供参考依据，制定合理的业务开展模式，仔细研读合同条款，以此来促进采购收益的逐步提升。也可以制定和实施合同财务审核制度，对合同中涉及的财务风险以及经济内容等进行审核考量，在有效规避风险的基础上，促进经济效益的显著提升。

采购成本管理包含诸多内容。这些成本可以划分为两个类型：一是直接从财务报表中直接获得，即显性成本，如采购计划的成本、原材料等；二是无形成本，如时间成本、库存积累成本等。

二者共同构成了所有权总成本。构建完善的采购制度是采购成本管理的基础工作，在具体实施采购活动的时候，可以对采购成本实施有效的管理和控制。财务管理要从幕后逐步转移到幕前，以期可以更好地管理高校的采购成本，对于财务人员而言，要更好地融入采购业务工作中，落实成本管理监督模式。

第三节　业财融合融入政府会计制度的实施

一、高校新会计制度的颁布与分析

新的《高等学校会计制度》(以下简称“新制”)、新的核算内容和各体系预算、国家投入资金、政府收入及国有性质资本支出分类管理和金融相关更新内容相互联系，在金融性质管理政策开展中，引入固定资本折旧计算的“虚提”，进一步准确地体现出资本的价值。

为不发生账户受“大会计账”影响的规定，将统一会计核算纳入高校财务计算内，从而提升高校内部成本资金管理效率的提高。在年度财务报告中需要汇总各个体系内的财务内容，有利于高校财务信息内容更具系统性。进一步推行会计财政和非财政补贴的平衡和分配，提高高校类资产管控水准，为体现国有资产的安全完整进一步强化了资产的计价，不断完备各类型财务账目整合的实际性，不断促进财务报表体系的建立并优化其内容，进一步改善报表内部项目分配及适用性，提升财务表格使用的普遍性。

（一）新旧高校会计制度总体对比

原来的高校财务计算方式，采取收付实现制，新制对会计准则的一般情况下采用现金基础会计方法，但部分特殊经济业务使用权责制度，这可有效推进高校内部资本、支付效能、预算运行管理的实施。财务相关项目分类随意性表现在，原来的高校财务项目分类不能进行修改或者合并，新制可以对财务相关项目分类内容作出相关调整，这一举措有效体现了高校财务体系变革中的机动灵活性质。

（二）新制完善会计科目设置

新型财务管理制度与公司类型财务管理项目较为靠近，有利于划分未来责任归属问题。例如，新制度中增设了与公共财政改革相关的“零余额账户用款额度”及“财政应返还额度”两个科目，此项目增设顺应了国家财务改革内容，更使在实务操作中已经使用的这两个科目有章可循，促进了财政法规政策的贯彻落实。新制度废除了“应收及暂付款科目”，设置了“应收账款”“应收票据”“预付账款”“其他应收款科目”，把高校事务性项目与经营性项目重新分离，为了更为清晰的体现财务信息内容的精准性，将分别计算出应收款项项目内容与应付款项项目内容，并把材料项目修改为库存项目内容，在高校范畴的自身生产库存发生应设置在本科课程项目的“生产成本”，归纳核算自动生成存货所产生的真实成本包含损耗的直接材料经费、产生的直接人工成本和调配的间接资金，该科目的增制遵守了成本费用核算原则，体现了权责发生制在新制度中的运用。

与此同时，新制添加了“累计折旧与累计摊销”和“非流动性资本基金”科目，其中规定折旧性质固定资本及不固定资产摊销都属于扣除非流动资产的基金，排除支出项目，此项目的有效添加可以充分体现资本目前具体使用状态进程，可以进一步体现出预算管控能力，并促进提高经济性利用率。而且，在新型财务制度内还添加了事业项目类型，把事业项目类型支出细分为九个项目，使高校的支出构成更加一目了然，向高校的内部成本费用管理提供信息支持。

1. 资产类科目变化

资产类一级科目由原来的十个增加到十七个，增加了零余额账户用款额度，财政直接支付和财政授权支付、累计折旧、累计摊销、固定资产清理、在建工程、待处理资产损益等与高校经济业务更为贴近的会计核算科目；规范现金、材料等科目名称，对应改为库存现金、存货；使高校的校办产业投资等分为两种，分别为短期投资和长期投资；用应收账款、预付账款、其他应收款代替应收和暂付款，并将借出款科目删除。

负债类一级科目从之前的六个变为新制度中的十二个。变化主要体现在，新会计制度中新增加了应付职工薪酬等科目；使借入款项、应付及暂存款变更为短期借款、长期借款、应付账款、预收账款和应缴国库款；将原有的应交税金调整为应交税费。

2. 净资产类科目的变化

净资产类科目新制度中比旧制度增加了三个，由原来的六个变为九个。在新版中，删去了固定基金，新增加了非流动资产基金、财政补助结转、财政补助结余等科目。

3. 收入类科目的变化

新制中的收入类科目，由原来的九个减少到七个。新制度中财政补助收入一项合并了之前的教育经费拨款、科研经费拨款以及其他经费拨款，将附属单位缴款变更为附属单位上缴收入。

4. 支出类科目的变化

支出类科目从旧版七个调整为新版九个。在新制度中，新增加了行政管理支出、后勤保障支出、离退休支出以及其他支出；删除自筹资金、资金划拨、子公司和子公司变更补贴主体的子公司。

（三）新制改进固定资产折旧、摊销、会计核算

在这次新制变革中最值得关注的就是固定资产计提折旧和无形资产计提摊销。新制把高校内的固定资产、无形资产都按照计提折旧、摊销来进行计算，并细致地描述了固定资产和无形资产分属内容，提出计提方法，删除“固定基金”科目，重新设置“非流动资产基金”“累计折旧”和“累计摊销”科目。

新制对于固定资产和无形资产的会计核算不再是简单地进行账目处理，而是借鉴权责发生制，计提折旧和摊销。但提供折旧和摊销的非流动资产的资金，无论成本或费用，该计提折旧和摊销的方式促使了资产的损耗可以得到体现，高校的固定资产和无形资产的折旧程度和使用状态越来越清晰，优化了原本高校固定资产不提折旧、无形资产不摊销、会计信息不能够确切地反映高校资产的状况。

固定资产折旧、无形资产摊销、固定资产资产负债表等反映在资产净值中，反映出资产实际使用情况，更加符合资产能够带来经济利益的特征，提高了会计信息的可靠性、谨慎性。

（四）新制改进了工资会计核算

新制度更加实现了高校工资、津贴、补贴的会计核算规范性，专门增设了“应付职工薪酬”科目，同时设置“工资（离退休费）”“地方（部门）津贴补贴”“其他个人收入”及“社会保险费”“住房公积金”等明细科目，分别核算高等学校教职工工资、津贴补贴以及其他收入等，以适应财政工资津贴规范的要求。同时，新制度细化了事业支出，使支出划分为“教育事业支出”“科研事业支出”“行政管理支出”“后勤保障支出”“离退休支出”等，使高校的支出划分更为清晰、细致。基于高校职工支出按教学体系、科研类型、校级行政级别、后勤管理和退休人员支出费用等分类，不断提升高校人力资源管理的整体核算能力。

（五）新制将基建纳入财务

高校大账在财务管理内容中把基建账目类型归属到高校财务管理制度内是行业内十分重要的关键点。以前计算高校总账时，都把基建账目与总账分类，独立计算，基建账目中主要包含了资产项目、负债项目、收支项目，原计算方式会产生一个体系内涵盖两个账本与两套财务报表的问题，提供给高校的财务数据仅仅是一部分并不是整合汇总后的财务内容，采用此类财务信息将会给高校资金管理上带来很大阻碍性。新制下的高等教育投资建设资金，应当按照国家有关规定单独核算，至少按月核算，并反映“建设项目”与相关联科目。此外，高校应该在“在建工程”内分设“基建工程”以丰富其分项的项目内容，把基建类列入在建工程成本体系中。虽然目前由于种种原因还未真正完全实现把基建类列入在建成本体系中，但在不久的将来一定会实现这一目标，此改革将有利于整合高校财务信息内容，实现基建类账目包含于总账目之内。

（六）新制优化了财务报表体系

高校的财务报表具体内容，可充分体现出高校目前财务收入支出具体状态，作为财政主管部门、上级单位政策掌握、指引高校财务管控工作的主要材料依据，同时也是金融机构、合作单位、社会大众相关人士掌握高校内具体财务情况的主要信息来源，还体现出高校目前财务综合情况，并作为未来一年高校财务计划的基础数据。原有高校财务报表内容按照实际收取支付为依据制定相关表格，但是实际收取支付制度不具备充分的整合性、细致性、对比性，不能满足当前高校所面临的实时变化。为制定切实有效的财务信息内容，并为高校管理人员提供基础性参考依据，必须对高校财务报表内容及结构体系作出一系列更改。

①新制内采用“财务报表”作为名称，把原有财务制度内的会计报表作为财务报表的基础内容，同时增加了附注以列示相关文字描述，增加了报表的可理解性，优化了财务报表体系，使高校的财务信息不再仅仅局限于会计报表提供的数据信息。

②新制度采用一贯做法，将资产负债表条目依照流动资产、非流动资产，流动负债、非流动负债进行分类排列，删除了资产负债表中原先的收入、支出项条目，变更了动态指标和静态指标相互影响、时期指标和时点指标相互交错的状况。

③新制度将传统高校会计报表中的“支出明细表”取消，增加了“财政补助收入支出表”，以反映高校某一会计期间的财政补助收入、支出、结转及结余情况。新制实施相关规定的改进不仅使财务报表和高校会计制度更和谐，更考虑到大学的实际情况，财务报告系统也更满足财务管理和预算管理等许多方面信息的需求。

二、新制给高校预算管理带来的改变及影响

新制对比原有制度，在各方面都取得很大收获，对于高校财务预算工作内具有明显作用，体现在以下几个方面。

（一）新制更新了高校预算管理的理念

将关于要素的表述体现在新的高校财会制度中。在更新高校预算管理之前在高校的会计工作中没有提到会计要素的概念。会计要素的新表达对新会计制度能更适合当今时代的需求有着非同寻常的价值。高校会计要素的运用是受到企业性质的会计制度的影响，以前的高校类型的单位一直没有会计要素这个概念，企业性质的会计概念在新的会计制度中运用到了高校类型单位的会计制度中，这正是我国政府对高校财务管理要求上的提升，符合高校财务制度市场化同步的要求。在今后高校预算的发展中，这种方式的改变将给高校预算管理工作带来巨大的影响，它的变化形式将是高校预算改革思路的精髓所在。

（二）新制提升了预算编制的科学性

在新的高校财会制度中变化重点是资金管理变化。该资金来源于国家财政拨款，但随着科学研究和投资规模的增加，国家财政调拨资金已经无法满足高校对资金的需求。高校开始开发新型资金来源方式，如银行贷款、企业投资等。然

而，高校并非专业盈利部门，对高校资金风险的估算也存在经验不足问题，同时可能存在的资金链断裂更会对高校的财务产生风险，严重影响高校的稳定发展。正因如此，高校对自身资金预算的精准性有较高的要求，因此，在新的会计制度中增加了多个科目即“收入”“结余”等科目，新会计制度能够使高校财务中自身资金结构清晰并能更好被管理，不仅有利于高校自有资金监管，而且对高校预算有着非常积极的影响。

另外，通过细化高校收入，对原来会计科目如“财政补助收入”具有完全不同于以往的定义。而且新会计制度也对高校支出项目作出更改，对财政补贴和非财政补助支出做了重新定义，以上做法会对高校专项资金安全加强保障，并能做到专款专用。新制度也能有效管理高校非财政补助收支，加强高校单位预算编制科学合理性，提升高校预算准确性。在新的财务报表中还新加入了一项“财政补助收入支出表”，此表能够使高校自身财务体系更加健全，有效提高高校预算管理和财务管理信息全面性和透明性。这体现了国家财政提供给高校资金可以进行独立管理，并与学校日常管理资金做出了区分，这使得我们在高校预算管理中，必须重视资金管理和财务协助的日常管理，分离管理预算。

除此之外，还对收入支出表和资产负债表的结构进行了改革。在新的会计制度中，损益表可以体现出高校机构在固定时期收支明细，还可以体现出高校机构非财政性补贴具体明细，有助于公平分配。资产负债表项目增加了四个会计科目，分别是财政补助结转、财政补助结余、非财务补助结转和非财政补助结余，并加强了核算功能。以上变化都使高校对于资金管理更加透明、有针对性。

（三）新制解决了预算和会计核算及财务决算脱节问题

在旧会计制度时期，高校预算通常在编制总预算时，依据部门、会计科目作为还原根据，然而会计在核算时却通常未参照预算编制的会计科目来归纳，决算也就无法正确反映预算编制和执行情况。三者之间在内容和口径上存在着差别。其原因主要是高校财务会计科目建设不完善，且具有一定的局限性，高校是无法快速参照会计核算的口径和决算参数来进行预算执行检查的，考评预算执行结果也无从谈起。究其原因，修订和完善了旧的高校会计科目和政府收支分类科目中的经济分类支出科目，高校会计制度是在部门预算改革之前制定的，因此，在会计科目中，会计口径和内容不适合部门预算的要求，有些内容在编制预算时不能体现。之前的经济分类支出科目是根据财政部门的统计要求和一般行政事业单位的特点设置的，而高校支出的多样性使得一些支出没有明确单独的经济科目归集，只好将这些支出归入“其他”科目中，造成“其他”科目支出额很大，不便于预算的执行和控制。

新会计科目取消三个科目分别是“教育、科技、其他”三个政府拨款科目，在支出科目增加了一些目前高校切实需要的支出科目。在新高校会计制度中，收入预算和支出预算都进行了较大改变，这些改变非常符合当前高校会计预算实际情况，所以能够解决预算和会计核算及财务决算脱节问题。

（四）新制加强了预算执行控制

新会计制度在制度要求方面作出了调整，预算会计科目与财务报表会计科目在设置时要求平行设置，因此在预算会计科目新增了四项科目分别是“预算收入”“预算支出”“本年结余”“累积结余”，要求设置与财务报表会计科目相对应的一级明细科目。一级明细账户科目中设置了基本支出和项目支出两个二层次的细节；二级明细科目中要求设置明细账目，要求符合条件情况下在“项目支出”两项具体项目规定的具体项目下，进行详细的会计核算。新会计制度下需要会计部门在新一年对账务进行账务初始化时，必须按照会计预算时收支科目数据作为依据输入微机控制账中，高校会计进行会计核算时，需要将会计分录数据录入预算管理科目中，从而进行监控。通过会计预算数据与核算数据对比分析，可有效推行数据的对比分析，从而对预算进行调整和监控。

（五）新制提升了预算评价的有效性

新会计制度在预算方面加大了调整力度，提高高校会计预算的有效性、准确性和执行性，确定财务部门的主要功能和职能。在整个会计预算体系中，对预算方法和结果进行反馈并加以考评。考评结果要求真实准确，使财政拨款能专款专用。新会计制度中把预算管理监督工作作为重中之重，整个预算管理系统需全程监督。通过严格有效的监督工作，保障预算的准确性、执行性、有效性，保障政府资金能够合理运用，提高高校资金利用率。

第七章　高校预算管理模式的创新

第一节　完善高校预算管理体系

高校务必建立健全预算管理体系，这是提高业财融合预算管理能力的基础。第一，高校可树立业财融合预算管理意识，并强化管理理念，在高校内部真正落实预算管理体系，调动学校教职工参加预算管理体系的热情，通过预算目标的设置和执行、后期约束控制预算等一系列行为，最大限度保证高校业财融合预算管理目标的实现。

一、健全与部门预算改革相衔接的预算管理措施

实行部门预算改革后，各高校作为独立的部门，编制的经费预算需要经过各级人大的批准，其严肃性不容置疑。此外，国库集中支付制度改革也要求加强部门预算的严肃性。但在预算管理过程中，预算约束力仍然偏软，其具体原因就是预算责任和权力相脱节；预算指标核定过紧，没有体现可控性原则；对预算执行没有实施监督等。

（一）采用“略有赤字预算，综合平衡”的校内预算编制原则

部门预算改革体现了全面性和综合性的统一，一方面综合反映部门预算内外收入，政府性基金等可动用资源，实现了部门公共资源的统一；另一方面要求严格控制支出的总量。我们可以综合考虑部门预算改革的影响和现实情况，将预算编制原则定位为“略有赤字预算，综合平衡”。

预算的本质是实现特定发展目标的一种管理工具，其本身具有工具性，那么预算编制的原则就可以自行控制。高校预算一直是在“量入为出、收支平衡”的原则指导下进行预算编制和管理。但目前高校支出越来越多，收入的增长赶不上支出的增长，资金供求矛盾突出的情况下，高校可以摆脱《高校财务制度》所规

定的“量入为出”的预算编制原则，对校内预算采用赤字预算的方式也不是不可行的。很多时候高校的收入预算在严重压缩后仍然难以满足支出的需要，我们可以允许适当的赤字预算以保障高校重点发展目标的实现。

在实现方式上，高校通常拥有大量个人科研资金，这类资金在使用时间上由个人自主掌控。科研人员通常在使用其科研资金时非常节省，留有部分资金作为结题经费，这些条件就为赤字预算提供了资金来源。高校可以通过分析前3年的科研经费使用情况，对本年度的科研开支做出估计，在本年度科研收入预算和科研项目年初余额的基础上除去本年的科研开支预算，剩余资金可以作为赤字预算额度。对于赤字预算要进行回补，在时间上可以通过对预算赤字进行强制性弥补的时间规定，要求2～3年内进行赤字弥补，达到预算的综合平衡。在空间上我们可以编制二级院系、单位预算，只要达到二级单位的汇总预算综合平衡即可。

（二）建立各级责任中心预算管理机制

部门预算实行“一个部门，一个预算”，高校可以采用校内部门预算的方式进行预算编制。对于高校主体来说的预算支出——划拨给二级部门的经费就是二级部门的收入，二级权力部门的预算支出就构成了高校主体预算的明细开支。将每个二级部门视为一种责任中心，部门负责人就是责任中心的负责人，编制责任预算，明确预算管理的职责、权限和审批程序，落实预算执行主体的权利和责任。

目前，我国高校办学规模日益扩大，导致管理层越来越多，管理跨度大，管理部门几乎占到全校所有机构的一半。学校对各单位的管理力度逐渐削弱。如此多的管理职能部门，容易造成高校事务处理时权责不清，互相推诿，管理效率低下。在预算管理上，也容易造成同一个事项不同的部门同时申报经费，预算管理容易陷入混乱，这对高校预算管理产生了不利的影响。为了解决这个问题，高校可以在预算管理体系中引入预算责任中心的管理模式。预算责任中心上是一种分权制结构，属于较大型的一种单位内部组织结构模式，形式上属于“统一领导，分级管理，分级核算”。高校对于责任中心的财务管理模式，可以选择责任中心各自拥有独立的预算部门和财务核算部门，也可以拥有独立的预算部门，统一的财务核算部门，做到统分结合，集中优势。

在预算责任中心的管理基础上，高校按照教学、科研、行政、服务、其他五个不同的管理层构造五个一级预算管理责任中心。教学责任中心主要由教学任务为主的部门单位及教学管理部门组成；科研责任中心由学校的科研管理部门及科研单位组成；行政责任中心包括校行政管理部门、人事管理部门、学生管理部门、财务管理部门、离退休管理部门等一系列具备行政管理职能的部门组成；服务责任中心是指面向全校师生提供服务的部门，包括后勤管理及其服务部门、图书馆、计算机中心、保卫处等；其他责任中心包括上述四类责任中心之外的部门及单位。五个一级预算责任中心下属部门单位为二级预算责任中心。根据部门主要业务划分责任中心进行预算管理，有利于管理责任的划分，管理方式的统一，也有利于实施预算业绩评价和各种资源的合理分配。

在预算责任中心管理模式下，为顺利地进行全校预算管理，保证预算管理效果，高校可以按照独立的预算管理部门和统一的会计核算部门的管理模式完善预算管理组织体系。

1. 在管理一级责任中心设立预算管理

委员会统筹管理强化预算管理在高校管理中的重要作用应建立预算管理委员会，由行政一把手领导，各分管责任中心的副校长、总会计师、财务处长、审计处长、各责任中心财务主管及校内预算管理专家学者共同组成。专家学者在预算管理委员会的作用一是作为民意的代表，二是起到一个“智库”的作用，对高校预算管理提出研究性和创新性的建议，以利于高校预算管理的创新性和实用性，在高校管理中发挥更大的作用。预算委员会结合预算的制定、审批、执行、分析、控制、评价及审计等各部门职能为一体，是高校预算管理的最高权力机构，属于行政管理部门。其主要职责是负责根据学校发展规划和收入预算分配各责任中心资金计划，审批预算草案，保证预算的总体平衡，宏观协调各责任中心运作，协调考核指标，并对业绩考核结果实施奖惩。

2. 各责任中心设立财政主管和预算管理

将专员引入预算责任中心管理机制，各责任中心需设置财务主管和预算管理专员各一名。财务主管负责预算资金的分配，通过预算资金报销的审批权限实施预算控制，对预算考评结果负责。责任中心预算管理专员在财务处工作，隶属于责任中心。

3. 明确财务处的预算管理职责

财务处是学校唯一的财务支出机构，其主要职责除了日常的会计核算外，还全面负责学校的财务管理、财务预决算报表的编制，财务预算的监督实施及执行情况的总结、分析、考核、参与预算项目的评价。在预算管理上，财务处随时掌握预算执行情况，积极反馈信息及时为领导决策提供依据，对不合理的编制方法进行调整，对预算执行发展方向做出控制。

财务处在内部设置综合预算管理科（以下简称综合预算科）和责任中心预算管理科（以下简称责任预算科）。在预算管理组织体系中，综合预算科负责对各责任中心的预算管理情况进行统一管理，负责编制收入预算，汇总责任预算科的各责任中心支出预算及相关资料，将预算草案编制汇总，提交给预算管理委员会审定。此外，综合预算科定期对各责任中心预算执行情况进行考核，上报给预算管理委员会。责任预算科按责任中心设立预算管理专员，主要负责根据各责任中心财务主管的资金分配计划编制预算，对该责任中心的预算执行情况实时分析，并报由各责任中心财务主管进行预算控制，各预算管理专员对各责任中心财政主管负责。

4. 各单位（部门）自行编制申报，建立预算各级责任制

改变以往由财务处编制预算的做法，将预算编制工作交由各责任中心完成。各责任中心根据来年工作重点分配资金计划，将各资金计划交由下属各部门单位去完成预算编制。各部门单位根据本部门的特点和资金计划按照统一的预算编制方法进行编制后，交由财务处责任预算科进行各责任中心预算编制汇总并准备相关资料，经过责任中心财务主管审核后交给财务处综合预算科编制汇总预算草案。这种层层提交预算方案的做法有利于提高预算在管理中的重视程度，改变预算只是财务部门的工作的想法，使高校财务预算管理和每一位员工息息相关，只要足够重视并加强管理，必将给高校的预算管理带来新的局面。

推广高校责任中心预算既影响了有限的资金在学校各责任中心之间的分配，也间接影响了各责任中心内部各部门的资金分配，必然会触动一些部门的利益，引发部门之间的资金争夺，彼此在经费的需求上各不让步，给预算编制带来困难。此时，需要预算管理委员会组织协调，各部门负责人要从全局出发，主动服务于学校远景规划，了解本部门的经费情况，确定下年度的工作重点，对所需的经费提交详细的论证报告及经费使用计划书，以求得资金在各部门之间的合理分配。

5. 发挥审计部门的监督职责

学校审计部门要参与高校财务预算编制和执行情况的审计监督和评审，并将监督和审计结果向预算委员会报告。按照预算责任中心，设立预算管理组织机构，改进预算管理流程，是在高校两种管理模式中寻求一个平衡，既有分权制，又有统一管理，有效地结合了统一管理和分权管理的优点，既可以集中权力，又

有利于各个部门发挥所长。

（三）利用互联网实时监督预算执行情况

充分利用目前日益发达的互联网的优势，开发经费使用查询系统，使各级责任中心不论何时何地都能通过互联网查询该责任中心的预算实时执行情况。开发经费使用查询系统有利于预算各责任中心对于预算经费的掌握和控制，杜绝浪费和舞弊现象的出现，提高部门预算的约束力。

经费查询系统需要实时更新各责任中心的会计账务数据之外，还可增加实时横向比较相对指标，如收入完成率、支出完成率等，给责任中心财务主管对本中心经费情况更加宏观的概念。

二、健全与国库集中收付制度改革相衔接的预算管理措施

实行国库集中支付制度给高校预算管理带来了一系列难题，主要是资金使用受限，为了改变这一状况，从编制资金使用流量滚动预算、加强国库集中收付网络信息系统建设和细编收支预算、完善预算管理等方面给出建议。

（一）编制资金使用流量滚动预算

实行国库集中支付后，高校的自有资金有限，国库资金的拨付按时间来进行，影响了各部门正常工作的开展。为了适应这一改革形式，要求各部门在编制本部门支出预算时，提交资金使用计划时间表，采用滚动预算按月编制，由财务处汇总并合理分配资金使用时间，据此向国库申请资金使用，保障各部门工资积极持续有效地开展，规范了工作程序，有利于提高效率。

（二）加强国库集中收付网络信息系统建设

国库集中收付制度改革需要在财政、国库、银行等部门密切协作和大力配合下安全稳妥的开展，具备很强的综合性和复杂性。在此体系中，建立计算机网络系统显得尤为重要。

建立计算机网络系统，使财政、国库、银行和各支付部门之间形成网络资源共享，互相监督、相互制约、资源共享，以提高工作效率。同时，以财政部门为核心建立财务信息处理中心，通过一个高效、安全、快捷的现代信息技术网络将各预算执行单位与财政部门的国库收付中心、政府采购部门、商业银行联系起来，满足资金结算、异地实时查询、统计、分析和监督管理等要求。

（三）细编收支预算，完善预算管理

一方面，实行国库集中收付后，预算控制发生了变化，将原来控制支出总额转变为控制每笔支出，强调预算支出的合理性，强化了预算的约束性，使各项支出必须严格按预算指标、用款计划执行，大幅减少了预算执行的随意性。而高校资金使用受到制约的主要原因在于预算管理与编制不够科学合理，要想摆脱资金使用上的制约就必须完善预算的编制工作，强化和细化预算管理，建立科学的预算定额和指标体系，尽可能细化预算，对专项支出设立项目库管理，保证专款专用，使所有的资金支出都建立在明晰的预算基础上。

另一方面，支出预算作为一种分配的导向，要在收支平衡的基础上，将预算支出分为维持性经费、发展性经费、重点经费和机动经费，并以历史资料分析和比较作为依据，在学校发展方针和重点投资方向的指导下进行预算编制，并请各责任中心参与编制过程。在编制支出预算时要坚持统筹兼顾、先急后缓、保证重点、勤俭节约的原则。预算编制既要实事求是，又要有超前意识，充分研究学校年度工作计划与中长期发展规划，兼顾学校经常性预算和资本性预算，保证学校日常开支和前瞻性发展的目标均能实现。

三、健全与财政收支分类改革相配套的高校预算科目体系

进行预算控制需要下达各项经费的预算控制指标，如何将预算控制指标下达至各个项目经费或是职能部门，需要利用预算管理的工具——预算核算科目体系。但我国高校预算管理对于高校预算管理科目体系没有作出明确规定，目前实行的高校会计核算科目体系和高校预算管理科目体系相差甚远，无法将两个科目体系的数据进行汇总，对比分析预算执行情况。高校在执行预算时没有核算科目来实施预算管理，预算管理就成为纸上谈兵。如何进行预算科目体系的建设，有效地管理预算收支情况成为高校共同面对的难题。没有统一的高校预算科目体系，使预算控制缺少了依托。

鉴于此，我们在借鉴政府收入支出预算科目的设置理念和高校会计核算科目的基础上，设计高校预算科目体系，更好地实现预算控制的功能。

（一）设置高校校内总预算收支科目

设置总预算收入科目“预算收入”，总预算支出科目“预算分配”和经费结余科目“预算结余”，并符合恒等式“预算收入” – “预算分配” = “预算结余”。其中：“预算收入”科目核算高校预算年度内的各项收入的预计金额；“预

算分配”科目核算高校预算年度内的资金支出安排及分配金额；“预算结余”科目反映预算收入预算期末未分配的金额。此外，另设置“预算调整”科目，用于核算预算调整情况，实施预算指标地再归集和再分配。

（二）设置预算收入科目及二级科目预算

收入科目的二级科目按照政府收入分类科目体系的理念进行设置，其下按收入来源设置二级明细科目。高校的收入在政府收支分类体系中集中反映为“非税收入”，但就高校具体收入来源来说还是有很多不同的，比如学费收入，拨款收入，科研收入等。学费、住宿费和委托培养费属于上缴政府财政专户并返还的非税收入，对上缴数额需要进行准确的预计并上报，因此在预算科目上需要单独分类。据此，高校将二级预算收入科目设置为“非税收入”“财政拨款”“科研收入”“捐赠收入”“其他自筹收入”“非预计收入”六个二级科目，其下设置三级科目。

“非税收入”反映学校收取的学费、住宿费和委托培养费等需要上缴至国库的事业性收费。

“财政拨款”反映上级主管部门经常性拨款及专项拨款收入。其下设置经常性拨款、各类专项拨款等明细科目，“科研收入”反映高校非上级主管部门获得的收入，包括从其他政府部门获得科研拨款，从企业获得的科研资金，从其他第三方获得的科研资助等，如国家自科委的国家自科科研项目，国家社科委的国家社科科研项目等。

“捐赠收入”反映学校年初通过安排和预计本年内能取得的捐赠收入。

“其他自筹收入”反映学校取得了不需要上缴至国库的资金，如经营收入、二级单位缴款等。

“非预计收入”反映学校年初不可预计的收入。各高校可以根据本校特点明细设置下级科目，让收入结构清晰反映在预算管理体系中。

（三）设置预算分配科目及二级明细科目

预算分配是高校预算管理的重点，在资金来源有限的今天，对于提高资金使用效益，取得资源利用率最大化的有效途径就是对预算支出进行细分并严格控制，而对控制预算支出首先就需要有一套完整及科学反映预算分配的科目体系。原预算教育事业型经费支出分为两部分：人员经费支出和公用经费支出，人员经费支出包括基本工资、补助工资、其他工资，职工福利费、社会保障费，奖、贷、助学金。公用经费支出包括公务费、业务费、设备购置费、修缮费、其他费用。这样的经济分类既不明细，也不完整，无法达到部门预算和国库集中支付制度要求的细分预算的程度。

借鉴政府支出功能和经济两类分类体系，在“预算分配”下设置反映高校功能性质的二级科目。将高校的各个部门职能分类归总得出以下几个主要方面的职能：教学、科研、行政、财务、后勤和其他事务六个方面的职能，按职能设置预算分配的二级功能科目，与此平行设置支出经济分类明细科目。按照工资和福利支出、商品和服务支出、对个人和家庭的补助支出、发改委基本建设支出、其他资本性支出、对附属单位补助支出、经营支出、债务利息支出、债务还本支出、预留机动十个方面进行经济分类，并设置明细科目。将预算科目按功能和经济分类编制支出预算不仅清晰而且便于统计，综合反映预算安排情况，避免了资源重复投入的情况。通过支出功能分类和支出经济分类，预算分配科目形成一个纵横体系。

第二节　细化预算管理内容

高校在制定预算管理模式时，需依据内部业务的类型和经营特点作出预算，细化高校预算管理目标，保证高校预算管理落实到每项业务和每项费用中。

一、逐步编制详细预算

国内高校大多是在以财务部门为主导，各业务部门为辅的情况下编制的预算。此时各业务部门提供辅助的程度就显得异常重要，为防止因双方对信息的理解不同而导致的矛盾，预算编制的具体要求应由财务部门主动向业务部门详细介绍，并应积极主动的了解基建、教学、科研后明晰部门业务活动具体流程和新发生的各种情况，业务活动的新变化和新需求各业务部门也要主动向财务部门反映。财务部门只有在获得各部门的信息之后才能对校级预算进行最接近实际情况的科学编制。通过业财双方的深度融合，在专项资金的使用和管理的全过程中贯彻执行内部控制的要求，是科学编制预算必不可少的一环。如何有效强化财政专项资金预算编制的科学性，可以简要从以下两个方面进行分析。

科学的预算要尽量贴合高校的实际情况，对学校现有资源要清楚掌握。

首先，为了有效避免各业务部门随意增加支出名目的情况发生，造成对高校专项资金浪费，相关资产管理部门可根据当前资产的数量、使用状况、毁损情况，在现有资产存量的基础上设置需要购置的增量，然后将其列入预算购置清单。只有这样才能减少甚至是杜绝资产闲置和浪费情况的发生，进而提高资产的利用率。不只是资产对校内的人力资源也应是如此的管理模式，只有在清楚把握校内现有人员配置的基础上查漏补缺、引进相应岗位的人才，才能既不会造成人员的浪费，又不会因人员短缺造成工作的疏漏，还有助于提高人员的工作效率、充分激发他们工作的积极性。在有限资源的前提下尽量使其效益最大化的重要途径是在盘活存量的基础上减少增量，盘活存量的方式包括但不限于将一些学校资源可对校外明晰不再仅局限于校内人员使用，因此，要对资产进行有效管理必须率先实施业财融合。

其次，可针对性质特殊以及金额重大的项目设立专门的高校专项资金预算小组，以确保其收益的稳定性和操作的合规性，如此一来，高校专项资金的使用效率可得到进一步提高。例如，对于大额、专项固定资产，在提出购置申请方案后，可提交特定项目组进行统一讨论，复核、批复其购置及预算方案以做进一步的完善，再交由归口管理部门，多重审核也可在一定程度上避免造成资金浪费。

二、严格按照规定执行

预算专项资金执行阶段是专项资金管理过程中的重要一环，学校必须建立一套符合自身情况的且行之有效的专项执行动态监控机制来推动专项的高效执行。为改善执行前期进度缓慢的问题，可采取如下相关措施以加快专项的执行进度，比如，在执行期间定期召开会议讨论执行过程中遇到的重大问题并妥善加以解决、约谈执行进度缓慢的项目负责人以了解有何问题阻止了项目的顺利推进并共商解决之法。

另外，在项目执行过程中，项目负责人重要的关注点不仅是执行进度，更要关注的是绩效目标的完成情况，最好实行的是对项目执行进度和绩效目标完成情况的“双监控”机制。对于绩效目标完成情况的获取，可通过问卷调查法、定期提供绩效报告、项目组外人员不定期核查等方法进行，也可通过对绩效管理系统提供的数据进行实时分析，对项目执行进度与绩效目标完成的匹配程度重点关注，若存在偏差可及时发现并予以纠正，以保证能如期完成项目并实现绩效目标。通过对我国现阶段高校专项资金执行过程中出现的管理和监督力度不足等系列问题的分析，得出可利用大数据技术和信息共享技术搭建的信息化监督平台加强对高校专项资金的监督力度以对其执行全过程进行管理。所搭建的信息化监督平台，有效解决了传统审计的滞后性等问题，对高校专项资金使用的全过程真正实现了动态监控。该平台的建立不仅提高了高校专项资金过程监控的有效性，动态监控也有利于问题的及时发现并加以改正，除此之外，传统审计作为事后审计的不准确性也得以避免，同时也有效避免了一些高校专项资金执行过程中可能出现的问题，从而对专项资金管控的安全性也提供了一定的保障。

第三节　加强信息化平台建设

在高校预算管理过程中，高校应该提高对于信息技术的重视，开展技术创新，保证信息技术能够最大限度地发挥积极作用；高校管理者还应积极地开展理念的创新，从思想上提高对于信息技术的重视，保证技术创新水平不断地提升，从而让财务管理中心的工作和预算管理工作能够更加顺利地开展。高校在预算管理信息化建设模块，高校可将预算公式和各种指标输入至会计信息系统中，通过数据对口链接，系统可自动完成数据上报工作；同时输入系统中的还有预算编制模型、调整模型、分析模型和执行模型。由于这些模型存在于财务管理信息化系统，可将根据高校设置的目标自动完成预算编制和预算分析工作等，还可根据具体需求编制滚动预算。通过预算功能的合理设置，高校领导层可监督预算执行情况，及时根据反馈信息进行管理。会计信息系统的预算管理模块是一个从预算目标到预算管理的循环过程。最后，高校还应该加强各个分支机构以及财务共享中心的信息系统之间的联系，实现信息共享和信息有效管理。通过加强关键要素之间的管理，可帮助高校优化财务管理流程，提升财务流程的科学性，保证业财融合角度下预算管理能力的提升。

一、统一信息系统

预算管理离不开大数据技术、智能财务的支撑。大数据时代的便捷之处在于可以完成数字到数据、数据到信息的快速转换过程，而决策者和管理者最需要的正是信息而非未整合前的数据，大幅提高了决策的便捷性。通过对数据的综合运用，最终实现将数据信息用于决策和管理的目的。

新时代下的大数据管理，需要各种来源、各种形式的信息，可以是内部、外部、纸质、电子，也可以是文字、非文字，不拘于何种形式、何种来源，以便实现动态管理。为实现财务与业务系统的无缝对接，需要校内各部门建立统一的信息系统，所有管理单位同类业务必须统一使用相同的信息系统，比如人力资源及薪酬管理系统、合同管理系统、成本管理系统、物资收发存等。把系统对接的难度和后期维护的难度降到最低，简便易行。

在高校的预算管理过程中，应对信息系统操作的简便性和各部门使用的便捷性高度关注，制度规定尽量言简意赅，将冗余、无效的予以剔除，提高工作效率，从务实的角度出发建立促进高校稳健发展的信息系统。

二、建立沟通平台

随着科技的发展，财务共享模式的出现，线上办公已成为常态，无论是最初的业务审批还是最终的财务复核报账，都已实现了电子化和远程化操作，在一线的业务人员与财务处、处理信息、资金支配人员之间存在着现实中物理距离。基于此，学校应对各部门的业务系统、财务系统进行整合，致力于搭建统一的沟通平台，并借助手机 App 的方便性打造全时段的即时通信体系与广大业务人员建立紧密联系，保证双向沟通的及时与顺畅。财务部门具有高度的综合性，需要对各业务部门提供的数据信息进行整合，但是，若各部门业务执行流程相互脱离且仅仅停留在部门内部，则各部门会形成独立的信息孤岛，难以将全校业务整合起来对其实现闭环管理，各个业务流与财务流、资金流无法同步，对各业务部门存在的问题财务部门也无法及时进行反馈，就无法完成真正意义上的业财一体化。因此，在现有的校园信息化基础上对各部门原有信息系统的整合就显得异常重要，将所有业务、财务的特殊需求融入信息系统中，尽最大可能满足大多数相关者的需求，发挥有效沟通平台对专项资金使用效率的正向影响。

首先，由于高校中各方的出发点不同，大家对财务和业务地位的认识在大多数情况下并不是均等的，也不是统一的。因此，高校若是想要在业财一体化方面取得突破性进展，管理者首先要解决的是两个部门的理念问题，从管理制度、人员配备、资源配置等方面加以协调，使双方的地位和能力尽可能地可以处于一个动态的均衡状态。其次，还要采取一些可以促进双方交流和互动的手段以推进融合过程的顺利开展。比如，可以选择一些比较重要、核算较多的业务部门在其中设置财务岗位，在财务部门中设置与业务相关的岗位，如成本会计、管理会计等；另外，为了增强部门间的协调联动性，部门内部可以通过定期部门内轮岗的方式增强业务人员对部门业务整体的熟悉程度，部门之间也可以经常性地组织互相学习、沟通交流和相互借鉴，达到取长补短，互相进步的效果。若能够提高高校中的财务部门和业务部门的协调联动性，就意味着在一定程度上高校的业财融合取得突破性进展。校园信息化平台为业财融合提供了一大推力，不仅打掉了业务与财务交流难、成本高、费时费力的信息壁垒，而且将业务信息与财务信息进行了有机整合，真正实现了业务数据向财务数据的转化，为高校发展决策提供了服务。

三、构建智慧财务服务平台

构建智慧财务服务平台，采用大平台、小应用的设计理念，依托互联网、移动互联网、大数据等技术及统一信息标准，集成项目、预算管理、事项办理、会计核算、票据、财务决算、薪资、收费、资产、采购、内部控制等业务活动，将业务流程、财务会计流程和管理流程有机融合，构建智慧财务服务平台。

平台将管理会计、预算管理改革、政府会计改革、内部控制、绩效评价、专项资金项目库等理念和制度进行融合；重构高校财务信息化系统，实现教学、科研、后勤、行政等业务与财务管理的业务流、资金流、信息流融为一体；在业务实现过程中自动生成数据进入财务业务流程，实现财务业务流程的智能化、自动化流转，做到财务工作的移动化、自助化、智能化。平台特色如下。

（一）始于预算、终于预算的财务平台

平台以预算为主线，建立预算全流程绩效评价体系，将绩效指标纳入预算编制、预算执行、决算、监督全过程，充分发挥预算对业务的引领作用，使各项业务活动开展前就进行预算编制，在业务实施活动中进行预算监控，在业务活动完成后进行预算绩效评价，从而实现预算管理工作的科学化、规范化和长效化。

（二）一体化的财务共享服务平台

平台实现了高校财务处内部的一体化，例如，预算、快易报、会计核算、收费、工资、决算，解决财务处内部自己跟自己对接、自己跟自己对账的问题。

平台实现了学校级别财务相关业务的一体化，例如，采购、资产、合同、科研、人事、教务、学工、后勤等业务系统与财务的一体化。共享数据可为全校师生以及主管单位提供实时且定向的财务数据服务，如主管部门需要的预算决算信息、预算执行情况、审计数据等数据；学校领导需要的财务相关决策数据支持、

经济事项绩效等数据；学校管理部门需要的科研、教学、后勤支出情况；教职工需要的科研项目信息、薪资、个税、社保、补助等数据。

平台可以直接对接差旅平台、打车软件、银行、电子票据系统等，实现直缴国库。

（三）一体化财务平台

基于目前高校各业务处室系统相对独立，当需要跨业务系统数据时，高校会要求软件供应商提供数据接口，双方会把部分需要的数据通过中间库的形式进行互相取数，而这种方式只是实现了小部分数据的交换，而业财融合则是实现财务工作与业务工作在业务流、资金流、信息流方面的业务和流程联动、数据共享。例如，对于职工住宅的水电费可以由财务处自动扣费，当自动扣费不成功时，系统会向职工发送缴费提醒，同时系统给予水电费管理系统指令，由水电费管理系统及相应配套设备进行断水断电；当职工缴费成功后，财务系统进行自动扣费并发送指令给水电费管理系统，由水电费管理系统及相应配套设备完成送水送电。

（四）内部控制贯穿始末的财务平台

内部控制贯穿于整个平台的各项业务活动，将业务环节可能给财务工作带来的各项风险降到最低，使各项业务活动互相联系、互相制约，实施风险识别和动态监管。在明确各岗位的权限范围、会计核算流程、审批程序和相关业务职责的前提下，平台根据预算管理、项目库管理、科研管理、资产管理、合同管理等，制定和完善相应的内控管理制度，并将各项制度内嵌进平台，从而实现财务管理的信息化、事前化和自动化，由原来的人控向信息化控制转变。

（五）智慧的财务平台

平台依托人工智能、大数据、移动互联网、物联网等信息技术和云部署模式，引入财务机器人、装订机器人，实现财务的智能化管理：人脸识别、二维码扫描、姓名工号皆可登录系统；可语音调取页面，语音进行系统问题解答，有问必有答；内置财务机器人优化、简化财务流程，自动对账；快易报实现网上报销、事前预算控制，老师填写报销单时可利用 OCR 扫描、识别票据信息并自动上传进行凭证的影像化管理，解决财务人员凭证查找的困难、审计工作数据提取的困难；凭证自动生成后，报销人可通过扫描二维码直接将原始单据放到投递机进行智能投递，系统自动智能分单，当原始单据到达财务处时，财务人员通过扫描枪可以直接调取凭证进行线上财务流程，一键支付并自动银行对账、生成双报告。

4. 实现高效低耗，进一步加强业财融合

相对于传统会计，人工智能通过自动化的方式记录原始凭证，大幅削减人工输入量，且结果客观准确不受主观感情因素影响。尽管前期购置成本较高，但是后期运维成本低廉。从长远角度看，人工智能特点之一便是极高的生产效率和较低的生产成本，充分利用长尾效应，打破规模经济和既有模式的限制。学校教职工通过智能终端，都可以接触到海量的大数据资源与相关财务数据信息，自动筛选并以极低的成本匹配到最佳需求的产品与服务。在此过程中，原有报账程序直接被信息交换及人工智能系统取代，业财融合将大幅提高工作效率。

5. 支持决策预测，进一步增加数据价值

利用人工智能高效整合校园各类数据，基于大数据自主分析支持财务决策，既可以有效降低时间成本，也利于数据信息决策实时化。在此基础上，把人工智能用于复杂管理过程的描述、诊断、分析等，将技术、理念、环境相结合有助于更加科学合理的决策判断。同时，人工智能还对传统核算流程进行改进，实现远程处理、审核、报账等功能，使复杂的财务规则简单化，将财务信息及时提供给财务人员，为正确决策提供了必要依据。

此外，通过与高校财务内外部相关信息的互联共享，既满足高教改革和教育信息化发展对数据公开透明的要求，又最大化增加数据的综合价值。

6. 满足业务需求，进一步促进精准高效

鉴于高校财务业务需求呈现出的个性化、多样化等诸多特点，人工智能利用信息互联、智能感知、数据挖掘、个性定制和充分共享的特性，推进管理服务、业务财务、客服一体化融合，最大程度做到了精准感知、在线处理、智能决策和科学管理。数据模型构建依赖于海量财务和非财务数据，随着数据量爆发式增长，其中以往的经验信息逐渐增多，也为精准治理提供了依据。因为模型中运用的信息种类和数量越多，高校管理层进行财务预测决策就会越加精准。高校完全可以应用 AI 技术借力大数据，实现财务服务的精准化和个性化，向有需求师生提供点对点的个性化推送服务，做到即时信息集成、及时信息反馈。

（二）AI 技术赋能应用于高校财务的主要困难

目前，对人工智能的操作性、隐私性、数据真实性等方面还存在不少质疑，且随着近年高校教育教学改革日益深化，办学资金渠道越来越多，办学环境愈加复杂，高校财务在应用 AI 等新技术完善治理方面也有着明显不足。具体来说表现在以下方面。

1. 快速适应危机能力较弱

面对突发的公共卫生危机，由于高校内部各信息系统较为分散，ERP、OA、自助报销、资金、税务等系统关联度不强，集成度低、用户体验差，以及数据交互与共享功能缺失等问题，使得短时间内提升财务系统应急处置能力显得较为滞后。在事件驱动机制下，当高校财务系统面对类似疫情带来对传统业务模式的特殊冲击时，由于无法实时触发事件，业务流程也分散于多点，快速准确获取分析信息变得比较困难。加之新一代 AI 技术应用的发展路径还不是很清晰，算法精度有待提升，与实际应用关联度不够紧密等，都直接影响着财务系统应急处置能力的提升。

2. 数据采集获取效率低下

有足够的数据来驱动 AI 提升能力是人工智能获得成功的关键因素之一。高校的海量财务数据只有被全面及时认知和感知，方能保证机器训练所需的足够样本，AI 才会有价值。目前，高校的财务数据采集大多仍采取人工方式收集并经过整理再导入财务平台，非自动智能化生成。由于受限于以 PC 为载体的系统硬件，经济业务处理时很难做到同步快速获取相关财务信息。总体应用数据结构化程度低、逻辑不清晰、单据电子化程度低，高校各项经济业务难以通过人机协同和人机耦合实现自动批处理。同时，高校的传统财务数据多以非结构化方式存储，用户获取难度大、问题命中率低、即时性很差，无法满足实时解答需求，也不能适应当下碎片化学习习惯。还有些财务系统无快速指令智能支持，用户查询界面输入复杂，缺少低成本、高效率、低门槛、高移动性的信息采集扩散渠道。

3. 数据价值挖掘还不充分

人工智能的健康发展离不开场景应用，具体场景也有赖于数据环境支撑。但现在不少高校数据平台仍未全面联网，数字化进程缓慢，与财务数据信息相关的供应链不匹配，整体数据资产架构规划与大数据资产管理手段缺失，以及数据存在分散和不规范等问题，导致了构建数据过滤模型成本过高，智能设备应用更新换代缓慢。

此外，受高校内部各系统标准度不高、智能度不强等问题困扰，极易造成不熟悉操作人员对技术外包的高度依赖；对新用户应用角色、使用权限等配置的复杂性，也会导致一些财务人员无法在短时间内快速掌握智能系统的使用，财务与非财务数据之间的关联度遭到削弱，数据的经济价值难以充分挖掘和体现。

4. 经济技术门槛非常之高

人工智能作为信息技术的发展前沿，其本身存在着高新技术的所有特点。从技术角度看，技术复杂、起点高、潜在技术风险大；从经济方面来看，前期一次性投入大，后期短时期内收回成本的可能性较小。就应用而言，虽然在高校财务领域的应用前景很好，但落实到具体项目或内容上，往往很难迅速取得直接效益。在人工智能应用初期，曾经一度认为机器人是低成本的，但实践证明，人工智能本来就是高投入、高产出，以高产出冲淡平均成本的一种模式。

此外，AI 技术应用于高校财务领域还有其特殊风险，实务应用相比其他行业领域更为初级，经济技术风险更大。

（三）AI 技术赋能财务智慧升维

AI 技术的嵌入在提升效能的同时，也进一步拓展了高校财务治理的向度和维度。因此，高校财务智慧升维既是内部治理现代化的客观要求，也是推进高质量发展的必然选择。立足升维角度，其本质还是用更加接近真实、接近本质的治理取代原有管理，通过对管理维度质量的提升来整体解决系统效率问题。在此视角下的人工智能应用，结合 20 多年高校 ERP 发展、十余年财务共享中心建设和近年智能技术应用探索，将从更高维度赋能高校财务实现智慧新飞跃。

1. 明确发展转型新方向，树立智慧开放应用新思维

无论是为了增加价值、加强管控、提高效率，还是为了避免危机事件对高校发展、社会治理可能的风险影响，应用 AI 技术赋能高校财务治理都是必然的方向。人工智能并不是简单地用机器取代人脑，智能化也不等于智慧化，而是人机协同互相配合，用机器智能释放人的智能，让人智在社会治理、高校发展过程中更好地发挥作用。其核心思维体现在更有效率、更规模化满足多样化需求以促进生产力的提升，以数据为驱动力，持续自动从数据中挖掘知识、学习知识，并通过自主探索在新的纬度上创造新的价值。

因此，高校财务部门要转换自身思维方式和理念，具备新的管理思维、战略思维、数据思维和业务思维，始终坚持将智慧贯穿财务业务全过程。智慧意味着赋予了机器理解、感知和自主运动的能力，基于此，将更业务化、场景化、实时化的数据与高校传统的会计业务融合，逐步融入物联网、大数据分析，深入挖掘和应用内存多维数据库、分布式计算、数据可视化、智能数据分析、机器学习等技术，以数据为基础、以智能为赋能、以场景为落地，实现对财务数据自动可控地采集、治理、建模和开发，形成有针对性的财务大数据服务。

高校财务人员不但要了解人工智能发展状况，更应拥有对新一代 AI 技术的正确价值认识，具备向技术先驱学习的主动意愿，更积极地将新技术作为推动创新发展的内生动力。

2. 推动关键技术新升级，孕育数据持续驱动新动能

从传统会计到新财务、再升维到智慧财务，必然离不开相应的技术支撑。要利用专家系统、人工神经网络、自然语言理解、机器学习、模式识别等共性关键技术的突破，在深度观察的基础上，将成熟的技术移植到适合的财务信息化应用中。进一步简化高校财务系统配置、提高部署速度，提升系统应对突发事件的能力；提高智能财务系统的远程维护能力，应在安全可控的基础上，尽量采用远程和版本化的维护方式，减少支持人员无法到场的风险，这点尤其符合特殊时期特定的减少接触性、聚集性和流动性的要求。此外，新一代 AI 的技术进步以及对行业普遍的推动作用还体现在使算法演化速度更快加速上，形成了大数据上的深度学习与自我锻炼的综合进化，促进了“大数据 +AI”的变革。对于高校拥有的海量数据来说，所包含的信息从图像、声音等富媒体数据，到动作、姿态、轨迹等人类行为数据等总量越来越大、维度越来越宽，这些数据都为人工智能应用奠定了必要基础，也天然地成为孕育智慧财务的温床。

高校应当瞄准有价值的财务关联信息或“全量数据”，进一步夯实数据赋能基础、优化数据赋能方式、建强数据赋能节点，从更高层次应用 AI 技术在数据的高度融合、深度挖掘，从广泛利用中实现其价值最大化。

3. 挖掘需求应用新场景，赋能业财融合发展新模式

应用场景是人工智能发展的主要驱动力，众多成功应用场景充分证明了一个道理：要创造更好的产品和服务，就应去发现新的需求，就应挖掘更多的应用场景。实践表明，技术支撑的有效落地一定还是基于需求的场景服务，也只有合理的场景才能实现 AI 技术赋能创新。高校财务部门应根据自身实际需要和人工智能技术的应用成熟度，分阶段发展相关技术，优先发展人工智能识别类型的场景应用，逐步开展基于神经网络技术和机器深度学习的财务场景应用。人工智能的应用要遵循“AI 重构流程，智能升维应用”原则，重点赋能传统财务与业务融合环节。

未来 AI 赋能高校财务的场景服务，可能主要体现在智能核算、智能治理、智能决策与智能评价四个方向。试想在一定场景下，机器智能对票据自动识别、分类汇总、智能校验、自动付款；在控制活动中的不相容岗位职务分离控制、授

权审批控制以及财产保护控制等方面可以引入指纹识别、人脸识别、视网膜识别、虹膜识别、掌纹识别等技术；在高校财务流程管控方面，可以利用人工智能语言识别、图像识别以及专家系统等技术，对数据进行合并统计、对业务逻辑进行关联度分析等。在这些应用场景中，高校财务与业务、客服与用户之间无缝连接，简化了传统业务处理流程，教职工日常消费和采购支付从下单、支付、对账报销都可以全程在线自动完成，在校园“系统通、数据通和业务通”的基础上，实现业务流、财务流和管理流的有机融合。

4. 依托智慧校园新平台，搭建适合行业需要

新智脑智慧校园是高校利用现代信息技术，汇聚人的智慧，赋予物以智能，使人、事和物真正有机紧密地结合，基于海量信息和智能过滤处理所构建的校园信息化发展和治理新形态。通过把数据变成知识，智慧校园成为改变校园生态链发展、提高治理水平和运行效率的强有力科技支撑。而智慧财务则正是在校园智能化的基础上，深度融入人的智慧，融合新技术，将人、数据、单据和环境等结合，以更好地提供快捷便利服务，提升服务品质体验。智慧财务的核心在“智慧”，即给高校财务安装“智脑”，使之能够及时看到、听到、了解到有关信息，并及时做出反应，从根本上解决过去手续烦琐、资源浪费等问题。搭建财务“智脑”，首要是解决好总体布局问题。它应该是基于模型自主响应的全方位的立体应用体系，借助互联网、物联网、大数据、云计算等新技术，打造集财务治理、科学预警、实时反馈评价等于一体的智慧平台。这个“智脑”利用新一代AI技术为驱动元，有着无限的存储能力，克服了人脑精力有限的制约，可以无地域、无时间限制的在线提供各类财务服务。当高校“智脑”实现对财务等相关数据自行感知、自动处理和自主优化反馈并循环往复时，财务的智慧发展也就进入了新纪元。

5. 适应危机应对新需求，打造品质服务智能新生态

基于场景应用的人工智能应将精准高效作为落地模式的永恒追求。新一代AI技术打造的财务信息系统具备状态感知、联网互动、判断决策、自动执行等基本功能，尤其在疫情防控进入常态化的当下，通过场景挖掘、实时分析和科学判别来辅助系统自主决策和深度学习，进而使其进化到状态感知、实时分析、科学决策、精准执行、高效有序的智慧阶段。高阶演进后的智慧财务场景应用，体现了大数据、互联网技术、人工智能等与财务工作的深度融合，即前台应用人工智能，向长尾用户提供更加人性化、智能化和专业化的服务，降低财务成本，提

升比见面办理业务更高的便捷度；中台方面，应用大数据+AI技术为财务分析研判和目标用户识别提供专业决策支持。财务的智慧还体现在将用户接触信息数字化并自动整合到系统应用中，通过人机交互、面对面交互等机器人应用，实现对高校财务资讯的智能分类和按需订阅，进而提高财务信息推送质量，对用户身份按照教师、学生、管理人员等精确分类，有针对性地分析挖掘其财务信用和习惯，能提供更为精准和有效的服务。疫情防控背景下，优化高校财务管控决策的应急机制不仅需要制定一些规章制度，更要实现线上办公与线下办公有机结合、日常运行机制与应急机制能随时灵活切换的长效机制的建立健全。

通过移动或PC端由用户发起定向求助和服务，实现远程预约现场排号、预约服务咨询、申请业务单进度查询等功能，有效地解决正常情况下的“面对面”和突发事件情况下的“零接触”之间的矛盾。

第四节　构建完善的预算绩效管理评价体系

高校应进一步完善相关考核制度，首先是要针对高校财务管理的新情况，将业务部门对于财务管理的响应程度、参与质量、效果产出等作为重要维度，列入业务部门年度考核的加权项中，以促进业务部门更加重视并积极做好对业财融合模式的有效参与。其次是要兼顾对财务管理部门的考核工作，要将财务部门相关工作对业务部门的规模增长推动、价值输出提升等方面的作用作为重要指标，纳入对财务部门的考核维度中，而为了能够得出具体的作用发挥程度，可以采用定量分析法、定性分析法等方法进行。

一、选择绩效目标

实施目标管理对于绩效目标的设计，需要在高校发展计划的基础上进行统筹考虑，我们拟采用借鉴关键业绩指标法来对高校发展目标实行分解设计。

关键业绩指标（Key Performance Indicator,KPI）是指对通过对组织内部某一流程的投入和产出的关键参数进行设置、取样、计算、分析，以此衡量其业绩的一种量化的管理指标，是一种把企业战略目标分解为可运作目标的工具，是业绩管理系统的基础。KPI是用于评估和管理被评估者绩效的定量化和行为化的标准体系，对组织目标有增值作用，关键是在绩效指标上达成承诺，评估者和被评估者要做出充分的沟通。

借鉴英、美国家高校业绩考评的指标体系和我国大学评价体系标准，结合高校预算管理现状，各高校应根据自身的战略目标和发展规划来分别业绩评价指标。根据责任中心的职能设立，预算评价将在各个责任中心展开，责任中心各有其特点，故选取的业绩评价指标也不一样。采用KPI，从投入、产出和结果三个方面综合考虑，设计制定业绩评价指标。投入指标用于衡量某项目或服务所消耗的资源量，如人力、资金、场所、设备等。比如，在教学责任中心设立“生均教学经费”“生均教学面积”“生均教学设备”等业绩考核指标。对成本进行测算在传统预算中具有重要地位。成本测算与业绩测算一起构成业绩预算的两个重要支柱。准确的成本测算要求建立一套能够完整记录、分析成本的会计体系。

产出指标用于衡量预算期内完成的工作量、提供服务和产品的数量。它描述的是一个数量，比如，在管理责任中心设立“毕业生一次性人数”“收入完成数”“自筹经费完成数”“档案入档册数”“文件发布数”“接待来宾次数”等业绩考核指标。对产出进行测算是早期业绩预算最常用的一个测算工具，在业绩考评中应用比较广泛，因为它们相对而言比较容易获得数据，并且在一个评价环境中总是不具备较强的对比性，刺激性也较弱。结果指标用于衡量服务的结果，也是高校希望通过资源投入所期望达到目标的程度，比如，教学责任中心设立“考试合格率”“英语四级通过比例”“英语六级通过比率”“其他国家资格证通过数”等业绩考核指标；科研责任中心设立“国家级课题占全部课题数量比例”“国家级课题占全部课题金额比例”“影响力文章发表率”“国际影响文章发表率”等考核指标；管理责任中心设立“收入预算完成比率”“支出预算完成比率”等财务指标、“解决来访问题满意率”“上报文件及时率”“各项检查合格率”“处理问题及时率”“校友捐赠率”等考核指标，公共服务部门采用“绿化率”“食堂就餐率”等考核指标。结果考核指标是业绩考核指标体系中最值得人关注的一部分，但是它在资料收集方面难以取得，也很难分析出某项投入和所需要的结果之间的联系。

根据三个不同的方面各责任中心设立不同的考核指标考核不同的业绩有利于各责任中心专注于发展各自的业务，并做好控制。绩效目标考核指标不宜过多，也不能太笼统，尤其是对产出层级的衡量。对于绩效目标的设定应该是选取关键性领域中的指标。比如，教学部门可设置“成绩合格率”“英语四级考试通过率”等控制教学质量的指标。而管理部门应设置“人才引进比率”“师生比”“预算支出控制比”等管理关键绩效指标。各校各责任中心设立不同，需要根据各责任中心的特点和目标设立不同的业绩考核目标。目标可以按时间安排，也可以按项目安排，还可以根据高校资金安排的重点来设置。若高校今年财政状况不佳，也可以增加部门筹资比例作为绩效目标，对预算管理进行导向。

强求统一指标体系，对于高校发展不利，容易造成既耗费人力成本、物力成本又达不到考核目的的结果，所以高校应在实际工作中，从本部门出发，设立关键业绩指标进行考核。

二、编制责任预算

本着“事权与财权相一致”“权、责、利相结合”的原则，高校各责任中心既然有使用预算经费的权利，必然对经费使用合理合规性负有责任。权利和责任进行比对分析后，对于预算执行情况较好的单位予以奖励，对由于主观原因造成的预算执行不到位的部门单位予以惩罚。首先需要设置一个责任标准，这就需要高校各责任中心在申报预算支出草案时，附带一份详细的经费使用报告，阐述经费申报的原因，经费定量的标准，资金使用时间计划、绩效责任目标，对合理合规使用经费的保证等。财务处收到经费使用报告时，除了编制正常的预算收支报表和资金流量计划表外，还需要将预算目标予以统计归总，提交预算管理委员会讨论决定。

对于预算期内绩效责任目标的设定，如果全部交由责任中心去完成，将造成自由散漫主义和形式主义蔓延，若全部交由高校预算管理委员会去设定，则容易与实际情况相脱节。建议将两者相结合，采用“制订方针—责任中心上报—委员会讨论决定”的方式来确定绩效责任目标。高校应根据高校发展规划及各责任中心的职能选择业绩考核指标，业绩考核指标一经确定，则将 3 年内该责任中心考核指标的数据做出分析，选取 3 年内各指标合理最高值作为预算管理业绩考核指标的满意值，最低值为不允许值进行弹性设定，并赋予权重比例。将编制指标体系通知各责任中心，各责任中心在预算申报的经费使用报告上，将预算期内的各项考核指标作为业绩目标。各责任中心在设定业绩目标时要进行明确阐述，经过预算管理委员会统筹考虑并决定其业绩目标的合理性和预算金额。

三、采用有效的预算控制手段

预算编制完成以后，对于执行中的预算要注意控制，以防止出现偏差，保证最后的预算效果。

（一）设置多段监控点

高校在预算执行开始后，要注意及时设置预算控制额度。由计算机财务报账系统运行财务核算的高校，可将某些日常经费预算控制额度按月或季度设置，有利于控制预算执行程度和资金流量，加强监管，杜绝突击使用经费的情况，提高资金使用效率，也有利于日后权责的划分和评价的实施。

（二）有效的分析机制

财务处按责任中心统计汇总各项经费制成预算表，既包括以新支出功能分类为统计口径的功能预算进度表，也包括由新支出经济分类为统计口径的经济预算进度表，两者总量平衡，统计口径不同。编制预算统计表便于事中控制分析使用。在执行预算的过程中，高校财务处综合预算管理科注意按月比对实际发生的经济情况和预算之间的差异，检查按功能科目汇总生成的报表和功能预算进度表之间的差异，并告知责任中心预算管理科责任中心预算管理专员进行分析和控制，有利于下一期预算的编制。检查按经济科目汇总生成的报表和经济预算进度表之间的差异并分析原因和实施控制。

对于预算差异产生的原因，可以从以下几个方面进行分析和检查。

1. 账务处理是否正确

财务会计核算时，检查收入支出经费入账的时间、科目是否正确，和预算方案是否一致。

2. 外部条件是否变化

预算编制定额标准发生变化带来的差异，如预算编制时，博士生活费按 200 元每月发放，执行预算时，接到国家相关部门文件，要求将博士生活费涨至 1000 元每月。或原预算购买 A 产品或服务，由于技术进步等原因，发现购买 B 产品或服务更加节约资金和提高效率。对于外部条件变化带来的差异，有超支也有节约经费的情况出现，预算管理部门要注意分析其特点，给出正确的调整意见。

3. 内部环境是否变化

由于学校内部情况的变化，造成在预算时不能预计的情况发生，比如某部门突然接到任务，要求安排计划外的活动。或者原预算预计程度不够，花的时间和资金比原预计情况要多。高校预算管理要实时监督预算执行情况并定时作出分析，对预算差异造成的原因要准确找到，并提交预算执行部门实施控制。

四、进行合理可行的预算评价

高校预算业绩指的是高校预算支出活动所取得的实际效果，反映高校所进行的资源配置活动投入与产出之间的比价关系。对预算业绩考核评价就是对高校各责任中心一年内预算运行结果的考核和评价，对预算管理情况的总体评价，对高校预算支出所产生的经济效益、社会效益以及对高校各项事业发展产生的结果进行综合考评，需要对全校各项指标进行考察来衡量预算投入和产出是否有效。预算评价结果直接影响来年的预算编制及执行政策的出台。预算评价是预算管理重要的一环，掌握着预算管理的生命线。如果没有对预算投入产出的考核评价，预算管理就会流于形式，预算就会失去控制力。

高校预算业绩考评的最终目标是对高校预算执行情况及效果作出全面、准确、客观地描述，并根据之前提交的经费使用报告中阐述的预算目标进行考核，对各责任中心执行预算的最终结果作出合理客观地评价。

进行高校预算业绩评价既要考评高校的资源总量是否符合整个高校运行客观比例的要求，又要考评资源的使用效率是否最大化。这是优化高等教育资源配置的要求，也是完善现行的高校预算管理体系的内在要求。因此，应当依据科学、合理、有效的方法对各预算执行部门进行全面评价。

参考文献

[1] 爱斯华斯·达莫德伦．公司财务——理论与实务[M]．北京：中国人民大学出版社，2001．
[2] 程平，施先旺，万章浩．基于业财一体化的采购活动大会计研究[J]．财会月刊，2017（34）：3-10．
[3] 李心合．企业会计与财务需要二次革命[J]．财会学习，2013（8）：30-35．
[4] 李心合．制度财务学研究[M]．大连：大连出版社,2013．
[5] 李心合．企业财务理论研究40年：回望、反思与前瞻[J]．会计研究，2018（7）：3-12．
[6] 李心合．企业财务实践40年：进步、问题与建议[J]．财务与会计，2020（7）：4-11．
[7] 秦荣生．大数据思维与技术在会计工作中的应用研究[J]．会计与经济研究，2015（5）：3-10．
[8] 汤谷良，夏怡斐．企业财融合的理论框架与实操要领[J]．财务研究，2018（12）：3-9．
[9] 王斌．论业财融合[J]．财务研究，2018（3）：3-9．
[10] 吴金梅，陈生寿．略谈如何实现通信行业的业财融合[J]．财经界，2014（24）：83．
[11] 杜彧.基于战略导向的高校财务预算管理研究[J].财会学习，2019（20）：7-8．
[12] 徐勇.浅谈企业全面预算管理[J].经贸实践，2018（24）：198-199．
[13] 孙培清.高等学校滚动预算编制方法探讨[J].财务与金融，2015（2）：28-30．
[14] 孙玲，王涛.以战略为导向的预算编制方法在高校中的应用[J].会计之友，2018（5）：128-131．
[15] 毛建荣，彭松波.高校内部预算管理中的预算松弛及其控制研究[J].会计之友，2018（9）：129-133．
[16] 袁晋芳，何毅.高校预算执行松弛与治理研究——以75所中央部委所属普通高

校为例[J].财经问题研究，2017（3）：76-81.

[17] 李现宗，毕治军，颜敏.高校预算管理转型研究[J].会计研究，2012（12）：68-73+95.

[18] 杨志红.高校预算管理问题探讨[J].财会通讯，2014（20）：94-95.

[19] 乔春华.高校预算管理研究[M].江苏：苏州大学出版社，2013.

[20] 彭秋莲，杨运东.高校预算绩效评价机制的构建[J].财会月刊，2016（16）：13-16.

[21] 龙辰辰.高校预算绩效评价指标体系的构建及应用研究[D].南宁：广西大学，2018.

[22] 冯文轶，林爱梅.大数据下基于云会计的高校全面预算管理框架构建[J].财会月刊，2016（7）：24-27.

[23] 章雯华.试析大数据背景下高校信息化内部控制建设[J].财会月刊，2017（22）：23-27.

[24] 田华静.大学治理视野下的高校预算导向作用[J].苏州大学学报（哲学社会科学版），2014，35（6）：127-131

[25] 陈秋红.基于战略预算的事业单位预算管理体系研究[J].福建论坛（人文社会科学版），2018（10）：67-75.

[26] 潘飞，程明.预算松弛的影响因素与经济后果——来自我国上市公司的经验证据[J].财经研究，2007（6）：55-66.

[27] 张朝宓，卓毅，董伟，葛燕.预算松弛行为的实验研究[J].管理科学学报，2004（3）：46-53.

[28] 王斌，潘爱香.预算编制、预算宽裕与预算文化：基于战略管理工具视角[J].财政研究，2009（2）：78-80.

[29] 刘浩，许楠，时淑慧.内部控制的“双刃剑”作用——基于预算执行与预算松弛的研究[J].管理世界，2015（12）：130-145.

[30] 沈青青，左燕，安灵.基于门槛效应的预算松弛研究[J].财会通讯，2019（11）：33-37.

[31] 程国琴.现代财政制度的核心价值及其实现路径——基于参与式预算的分析视角[J].中国海洋大学学报（社会科学版），2018（3）：110-116.

[32] 詹国辉，张新文.治理能力现代化下公共财政预算改革之道[J].理论月刊，2017（3）：124-129+154.

[33] 王峰.行政事业单位预算绩效评价指标研究[J].中外企业家，2014（25）：152+154.

[34] 郭敏.国外高校财务预算绩效目标管理经验和启示[J].教育财会研究，2019（2）.

[35] 彭荣福.基于绩效管理的高校财务预算研究[J].行政事业资产与财务，2016（12）.

[36] 张晓红.探析高校财务预算与绩效管理[J].财经界，2014（29）.

[37] 贾丽茹，郝凤林.新形势下加强高校财务管理的思考[J].华北科技学院学报，2016，5（2）：96-99.

[38] 资源.我国高校的财务预算管理：问题与对策[D].北京：中央财经大学，2016.

[39] 刘海峰，李霁友.高校财务预算管理模式及发展趋势研究[J].生产力研究，2013，26（5）：246-248.

[40] 邓茜.对我国高校财务预算管理问题研究[J].管理观察，2019（9）.

[41] 张静.高校财务预算与绩效管理研究[J].内蒙古财经大学学报，2017，15（2）：45-47.

[42] 张婧.高校财务预算管理模式及发展研究[J].中国市场，2018（12）：153-154.

[43] 汪笑云.公立高校预算管理存在的问题与改进策略[J].中国管理信息化，2018，21（4）：16-17.

[44] 吴杰，柳彦彬，邹梦妮.实施全面预算管理提升高校精细化管理水平——以C大学为例[J].财政监督，2018（7）：89.

[45] 乔秀娟.企业财务管理中的业财融合问题探讨[J].全国流通经济，2017（19）：45-46.

[46] 陈秀燕.基于提升企业财务管理的业财融合研究[J].全国流通经济，2017（24）：28-29.

[47] 刘雪松.积极推进业财融合助力公司价值创造[J].中国总会计师，2014（1）：78-81.

[48] 苏波.对企业财务管理中业财融合的一些思考[J].行政事业资产与财务，2017（18）：80.

[49] 钟丽君.实施业财融合、推进精细化财务管理的措施初探[J].会计师，2017（14）：22-23.

[50] 林佩璇.业财融合发展在中国移动的推行研究[J].财经界（学术版），2015

（3）：185.
[51] 袁冰.基于财务风险防范下的企业内控管理分析[J].财会学习，2017（18）：53-54.
[52] 郭永清.中国企业财融合问题研究[J].会计之友，2017（15）：47-55.
[53] 卫雅琦，陈平泽.基于BSC的高校预算绩效评价体系探索[J].财务与会计，2016（6）：75-77.
[54] 张丽.基于模糊综合评价法的高校财务预算绩效评价研究[J].会计之友，2017（6）：76-79.
[55] 史淑霞.基于战略地图的高校预算管理绩效评价研究——以T大学为例[J].会计之友，2019（9）：82-86.
[56] 李权，朱波强.基于平衡计分卡的高校预算管理绩效评价探究[J].财会通讯，2014（26）：97-98.
[57] 夏丹.基于成分分析的高校预算绩效评价体系研究[J].财会通讯，2020（1）：172-176.
[58] 章雯华.高校财务管理信息化系统功能设计思考[J].财会通讯，2017（1）：121-123.
[59] 常光辉，王怡，潘俊.浅谈信息化情境下高校预算管理流程再造[J].财务与会计，2017（24）：56
[60] 黄华红.新预算法背景下的高校财务管理[J].会计之友，2015（14）：85-87.
[61] 王国平，王勇.新政府会计核算模式下高校财务核算难点及对策研究[J].财会通讯，2019（28）：53-55.
[62] 刘静，曹蓓.新形势下高校政府采购项目式管理浅析[J].实验室研究与探索，2020，39（8）：291-295.
[63] 周金.普通高校预算管理研究[D].沈阳理工大学，2015.
[64] 许江波，李春龙.中国高校预算管理现状调查与思考[J].经济与管理研究，2011（5）：118-122.
[65] 李英利.我国高校预算管理现状及对策分析[J].中国财政，2015（19）：69-70.
[66] 杨志红.高校预算管理问题探讨[J].财会通讯，2014（20）：94-95.
[67] 涂淑娟.新预算法对高校财务管理的影响探析[J].会计之友，2014（35）：121-122.
[68] 肖广华，侯玉燕.政府会计制度下高校全面预算绩效管理探析[J].会计之友，

2020（20）：109-115.

[69] 邓彦，余馥佳.新《预算法》下高校绩效预算管理模式探析[J].财会通讯，2017（5）：85-87.

[70] 蒙亲绒.基于预算松弛的高校预算管理优化研究[J].会计之友，2015（1）：69-71.

[71] 戴建青.大数据时代高校财务治理新动能探析[J].会计之友，2020（11）：116-119.

[72] 新浪网.比尔盖茨在美国科学促进协会年会的发言[EB/OL].

[73] 梁勇，干胜道.疫情防控下的高校网上财务管理思考[J].会计之友，2020（6）：123-127.

[74] 汪晶.人工智能在高校财务服务中的应用研究——以电子科技大学为例[J].教育财会研究，2017（6）：76-80.

[75] 李猜.浅谈人工智能在会计工作中的应用[J].中国管理信息化，2018（24）：72-73.

[76] 熊志.助力抗疫，人工智能和大数据将全面爆发？[N].中国经营报，2020-02-20（7）.

[77] 竺松涛.深度科普：云计算，智慧城市的大脑与基石[J].杭州科技，2016（4）：5-10.

[78] 张晨燕.疫情防控背景下高校财务管控流程优化研究[J].会计之友，2020（8）：142-144.